13 FUNDAMENTOS PARA LA AUTOSUPERACIÓN

13 FUNDAMENTOS PARA LA AUTOSUPERACIÓN

Rev. Juan D. Castillo

13 *Fundamentos para la autosuperación*
© 2017 Rev. Juan D. Castillo
2da edición

Edición general: Latinos Team, Inc.
Diseño de interior: HadGraphic Inc.
Diseño de portada: HDGraphics Inc./John Llamoca

Para contactar al autor, favor dirigirse a:
Rev. Juan D. Castillo
Tel: (917) 693-8716
Email: pastorcastillo12@aol.com

ISBN-13: 978-1974370528

ISBN: 978-0-9826948-9-3

Categoría: Vida cristiana
Impreso en los Estados Unidos

Contenido

Contenido

Dedicatoria

A mi amado Dios, que me ha tomado de la mano y me ha guiado desde que le conocí hasta el día de hoy. Todo lo que soy y todo lo que sé, lo debo a Él.

A mi querida esposa, Andrea Josefina de Castillo, amiga y compañera de las mil batallas que juntos hemos ganado. Que ha estado a mi lado durante 34 años y ha hecho suya cada una de las visiones y sueños que Dios ha puesto en mí.

A mi hija Josefina Castillo, que ha sabido soportar las presiones del ministerio.

Agradecimientos

Al Padre que se fijó en mí y me llamó a este santo ministerio.

A su Hijo Jesucristo, que entregó su vida para salvarme. Al Espíritu Santo, amigo inseparable, quien me ha guiado a través de todos estos años y ha sido mi compañía.

A la "Iglesia Pentecostal El Camino" por su apoyo durante los 18 años que la he pastoreado.

Prólogo

Existe una clamorosa necesidad de superación y crecimiento en todo el mundo y a esto no escapa la iglesia de hoy y siempre.

Este libro representa un humilde intento por ayudar a cumplir con esa necesidad. Con énfasis en el desarrollo y crecimiento del cristiano, como viña del Señor, este trabajo es una visión refrescante y llena de sabiduría y sensibilidad acerca de un tema relevante como es la superación.

Mi esposo, el pastor Castillo, es ejemplo de superación, la ha vivido; por lo que comparte su sabiduría y su experiencia con nosotros, a través de este libro, el cual tengo el privilegio de recomendar, de todo corazón.

Es un libro práctico que debe estar en manos de toda persona que anhela forjarse metas y alcanzarlas. Para todo aquel que quiere tomar en serio el desafío de ser plantado como viña y dar buenos frutos, lo cual es el propósito del Reino.

El contenido de esta obra no tiene que ver con tendencias, constituye un nutrimento para todo hombre o mujer que sienta el llamado a salir del anonimato y remontarse a las alturas de la superación.

Lic. Andrea Castillo

Acerca del autor

Pastor Juan Doroteo Castillo

Nació en la República Dominicana. Son sus padres Juan Julio Doroteo y Elena (Teresa) Castillo. Conoció al Señor Jesucristo como su Salvador a los 19 años de edad y fue llamado por Dios al ministerio pastoral junto a su esposa Andrea Josefina Nova Del Rosario, en junio de 1981.

En 1982 lo nombraron presbítero de la zona de San Cristóbal, donde además pastoreó por once años en la misma ciudad. Fue ungido al pleno ministerio en 1984.

Al trasladarse a los Estados Unidos en 1992, pastorea en Utica, New York, la iglesia de la Asamblea de Iglesias Cristianas (A.I.C.) durante tres años y medio, y la iglesia "El Camino" en Brooklyn, New York, desde el 12 de mayo de 1996 hasta el presente.

Es graduado de estudios teológicos en el Instituto Teológico de Asamblea de Iglesias Cristianas en la República Dominicana. Además, cursó estudios de cuidado pastoral en The Blanton-Peale Institute and Counseling Center. Obtuvo su licenciatura en estudios teológicos y una maestría en consejería cristiana en la Universidad Cristiana Logos.

El Rev. Juan Castillo es un ministro reconocido en el liderazgo eclesial del área triestatal del noreste de los Estados Unidos así como globalmente. Además de desempeñar varios cargos ejecutivos por espacio de doce años en el Comité Central del Concilio Asamblea de Iglesias Cristianas (A.I.C.), fue nombrado por elección unánime como primer vicepresidente de la organización de ministros hispanos más grande del Estado de New York en el periodo 2010-2011.

Sus prédicas en varios medios de comunicación masiva, en particular en Radio "Cántico Nuevo" y en "Radio Visión Cristiana Internacional" —bajo la cobertura del "Ministerio Un Lugar en la Cumbre"— tienen una de las más altas sintonías. Con este libro, el Rev. Juan Doroteo Castillo, incursiona en el mundo de la comunicación escrita.

Presentación

Esta es una serie de mensajes sobre los planes de Dios con nuestras vidas. Recibí este rema de parte de Dios al finalizar el año 2009; sin embargo, la Palabra de Dios es intemporal, es decir, es aplicable siempre. Nosotros cambiamos, pero Él no cambia su Palabra. De manera que podrás aplicar el contenido de este libro en cualquier época y en cualquier año.

Mi objetivo es enseñarte a cómo rendirte ante Dios para que tu vida sea más bendecida y fructífera; de forma que salgas del estancamiento por el poder de la sangre de Cristo.

Muchas veces por ignorancia, por el desconocimiento de Dios, de su Palabra y de sus promesas, no alcanzamos el nivel al cual Él quiere llevarnos.

Es mi esperanza que estos apuntes y notas, que provienen de la revelación del corazón de Dios a mi vida, lleguen al tuyo y sirvan para tu crecimiento espiritual e intelectual, mientras transitamos por este mundo que cada vez exige más firmeza y valentía.

El autor

Introducción

El siglo diecinueve fue el escenario de grandes e importantes cambios en la ciencia, la economía, la política y muchas otras esferas de la sociedad imperante. En lo económico, se produjeron dos revoluciones industriales: una se desarrolló desde 1750 a 1840 y la otra de 1880 a 1914.

En lo filosófico, la primera parte de ese siglo se caracterizó por el Romanticismo y su exaltada visión de la libertad, la cual conectó con los nacionalismos emergentes. La corriente predominante fue el Idealismo de Hegel. A mediados y final de siglo se echaron las bases de la mayoría de las corrientes de pensamiento contemporáneas, como el positivismo, el marxismo y su materialismo dialéctico, el nihilismo, etc.

En lo político, se dio pie a las revoluciones burguesas, se fortaleció el imperialismo como lo conocemos hoy y se estableció el sufragio como derecho de las elites. En ese siglo se independizaron del yugo español varias naciones latinoamericanas, como por ejemplo: la República Dominicana (1844), Colombia (1810-1825), Venezuela (1810), entre otras.

En lo religioso, se intensificó la lucha entre la fe y la ciencia, alimentada por la teoría de la evolución de las especies. Es así que el creacionismo —que vindica a Dios como creador de todo— entró en crisis. El ateísmo empezó a ganar terreno y los principios cristianos empezaron a sufrir los embates de la crítica inmoral de toda aquella caterva de impíos que odiaban al cristianismo.

En el ocaso de esa centuria, nace Dale Harbison Carnegie (1888) en Maryville (Missouri); segundo hijo de James y Amanda Carnegie. Dale se crió en una granja y se graduó como maestro en el State Teacher's College en Warrensburg. Gracias a su profesor Robert Art, sus estudios fueron influidos por el pensamiento del reconocido ministro cristiano Juan Wesley. El primer trabajo de Dale fue como vendedor de cursos por correspondencia para los granjeros.

Cuando Dale Carnegie publicó su primera obra — *Cómo ganar amigos e influir sobre las personas*—, en 1936, ni imaginaba que con ella estaba sentando las bases de una categoría literaria que arrasaría a lo largo del siglo veinte, entendiéndose hasta el siglo veintiuno: los libros de superación personal, autosuperación o autoayuda, cuyo fin esencial es brindar al lector los principios básicos para mejorar la calidad de vida en todos los aspectos.

Cómo ganar amigos e influir sobre las personas se convirtió rápidamente en bestseller. Aún hoy sigue siendo una exitosa obra de interés general y un texto de referencia relevante en el ámbito del estudio corporativo global. Solamente su edición castellana va por la 62ª reimpresión.

Aunque en la mayoría de los casos, esta categoría de libros no tiene el mismo rigor de las obras que cambiaron el curso de la historia, su utilidad radica en que son libros capaces de enriquecer al lector con una variedad de enseñanzas y experiencias. Sin embargo, tampoco se puede menospreciar su importancia en cuanto a que contribuyen a moldear algunas de las ideas que gran parte de la sociedad actual ha compartido en las últimas décadas.

Los libros de autoayuda o autosuperación personal han florecido tanto que en nuestros días se han publicado innumerables títulos con enfoques que van desde la mera perspectiva materialista hasta la singular metodología espiritual. En esta última esfera vemos la influencia cada vez mayor de numerosas filosofías religiosas como el budismo, el panteísmo, el politeísmo y muchos "ísmos" más; además de prácticas de brujería, hechicería, santería, astrología y otras.

Lo peor es que muchas de esas vanas filosofías y prácticas se utilizan en combinación con dogmas basados en supuestos principios cristianos, resultando todo ello en una masa sincrética de postulados que confunden y conducen a las personas al error y, por ende, a la perdición eterna. Es así que vemos que la "pretendida" autosuperación o autoayuda, basada en premisas como las anteriores, culmina en la destrucción del individuo; en la pérdida del alma humana y en la condenación eterna.

Todo lo anterior, sin embargo, motivó a muchos escritores cristianos a tratar el tema desde una perspectiva basada en las Escrituras. Algunos de ellos, no obstante, enfocaron su pensamiento en una mezcla de cristianismo con humanismo, dando como resultado doctrinas "de hombre", totalmente erradas y tan peligrosas como las planteadas por los intelectuales incrédulos.

Hay que aclarar, en verdad, que es cierto que la Biblia muestra ejemplos significativos y valiosos de la superación personal, entre los que tenemos a: Abraham,

Isaac, Jacob, José, Moisés, Josué, Gedeón, David, los profetas y tantos más. Pero lo hace en base a premisas como las que siguen: "No hay justo ni aun uno" (Romanos 3:10); la que afirma Juan 3:19: "los hombres amaron más las tinieblas que la luz, porque sus obras eran malas"; y "por cuanto todos pecaron, y están destituidos de la gloria de Dios" (Romanos 3:23).

A partir de ello, podemos ver la naturaleza pecaminosa de la humanidad; por lo tanto, no hay nada que alguien pueda hacer por mejorarla. Solo Dios puede transformar al ser humano y hacerlo mejor, pero no lo hace mediante métodos humanos. Esa es la clave, el "secreto", de la superación personal desde una perspectiva bíblica. Pero, ¿qué ocurrió para que *algunos* de los escritores cristianos llegaran a tan falsos postulados? Debo afirmar con dolor que la ceguera espiritual, en cuanto a este tema, empezó a mediados del siglo pasado cuando la psicología hizo profundas incursiones en el cristianismo.

A fines del siglo pasado, durante la década de los setenta, algunos de los nombres más reconocidos e influyentes dentro de los medios de difusión evangélicos eran psicólogos con el apellido de "cristianos". Fue así como aparecieron libros promocionando el "yo" y la autoestima, inundando el ambiente cristiano; incluso hubo uno titulado "Autoestima: la Nueva Reforma", que se envió gratuitamente a 250.000 pastores evangélicos. El amor propio, la autoestima, los derechos humanos y muchas otras cosas —en esencia "buenas"— se convirtieron en las nuevas doctrinas que enseñaban los más populares pastores evangélicos del momento.

Ahora bien, mientras la Iglesia hace la labor que Jesucristo le encomendó, los enemigos del Señor también hacen lo suyo. Y lo hacen con tanta sutileza que muchas veces algunos creyentes no perciben el avance de las enseñanzas antibíblicas que los pueden llevar a un cristianismo humanista aparentemente ingenuo y verdadero. En 2 Timoteo 3, el apóstol Pablo advierte a Timoteo acerca de tiempos "peligrosos" cuando el amor propio será un cimiento, un fundamento, para la multiplicación de pecados que causaría estragos entre los creyentes: "en los postreros días vendrán tiempos peligrosos. Porque habrá hombres amadores de sí mismos..." (vv. 1-2).

Gracias a Dios que un puñado de osados escritores cristianos han levantado el estandarte de las Escrituras para entrenar y preparar a los creyentes con material adecuado a sus necesidades. Por lo cual ahora contamos con obras valiosas para la autoayuda desde la perspectiva cristiana.

Al considerar lo anterior llegamos a la conclusión de que para superarnos de manera escritural, necesitamos saber lo que Dios nos dice al respecto; y eso puede ocurrir solamente si leemos y escudriñamos su Palabra con diligencia. El hábito de leer las Escrituras a diario no es solamente el mejor que un creyente pueda tener, sino que es crucial y de suma importancia para que tenga una vida fructífera en Cristo y adquiera una madurez constante en su relación con el Señor. Así hallaremos la manera ideal de autosuperarnos, la manera bíblica: obedecer el mandato de Dios en la Santa Biblia.

Con base en esta conclusión, esta obra muestra un conjunto de sermones que tratan acerca del tema de la autosuperación desde una perspectiva puramente bíblica. Es así que estudiaremos su enfoque comparando al creyente con la labranza de Dios, es decir, el creyente como campo fértil, como viña productiva; también como odre nuevo, como objeto de la elección divina.

Además, trata temas como: la voluntad de Dios y su soberanía, el fundamento inconmovible del cristiano, la autoridad de Reino, el poder de la confesión, entre otros. Todos esos puntos, puramente bíblicos, se estudian como parte del proyecto de superación que persigue el creyente. Y finaliza invitando al lector a subir a otra dimensión, una dimensión superior, la que debe ser objetivo de cada cristiano.

1
Somos labranza de Dios

Como cristianos deseosos de obedecer la Palabra de Dios, debemos plantearnos la siguiente pregunta: ¿Somos materia prima para esa clase excelente de vino que alegra el corazón del Señor? Voy a ampararme en el inicio del capítulo 5 del libro de Isaías, para ilustrar sobre por qué somos una labranza. Los versículos del 1 al 7 dicen así:

> Ahora cantaré por mi amado el cantar de mi amado a su viña. Tenía mi amado una viña en una ladera fértil. La había cercado y despedregado y plantado de vides escogidas; había edificado en medio de ella una torre, y hecho también en ella un lagar; y esperaba que diese uvas, y dio uvas silvestres. Ahora, pues, vecinos de Jerusalén y varones de Judá, juzgad ahora entre mí y mi viña. ¿Qué más se podía hacer a mi viña, que yo no haya hecho en ella? ¿Cómo, esperando yo que diese uvas, ha dado uvas silvestres? Os mostraré, pues, ahora lo que haré yo a mi viña: Le quitaré su vallado, y será consumida; aportillaré su cerca, y será hollada. Haré que quede desierta; no será podada ni cavada, y crecerán el cardo y

los espinos; y aun a las nubes mandaré que no derramen lluvia sobre ella. Ciertamente la viña de Jehová de los ejércitos es la casa de Israel, y los hombres de Judá planta deliciosa suya. Esperaba juicio, y he aquí vileza; justicia, y he aquí clamor.

Isaías 5 es un poema de amor que Dios le escribe a su pueblo. En este poema Dios dice que tiene un corazón para su pueblo. Nosotros somos finca de Dios, somos su labranza su jeta a un proceso, para habilitarnos y desarrollarnos. El término habilitar quiere decir hacer hábil, hacer capaz, capacitar, preparar.

El proceso para que te desarrolles es arduo y largo, pero será tan largo y tan duro, conforme sea la bendición que vas a obtener. Por ejemplo, si vas a tener una bendición sencilla, ligera, tu proceso va a ser liviano; pero si vas a llegar lejos, pues tu proceso va a ser duro ya que Dios te va a preparar, de acuerdo a tu destino. En otros términos, Dios no te va a dar un proceso corto y fácil para darte algo grande, porque cuando llegues a lo grande no bastará saber cómo lidiar con ello, sino cómo mantenerte.

Como ves, he planteado que somos labranza del Señor. Somos una obra en la que el Señor continuamente está trabajando; somos labranza suya, somos una finca. No en vano el Señor nos creó del polvo de la tierra. Somos hechos de un material —tanto en el aspecto espiritual como en el físico—, con capacidad para reproducirnos. Pero, para que se reproduzcan las cosas buenas, Dios siembra (planta) en nuestras vidas.

Cuando hablamos de viña, como el profeta, nos referimos a la labranza. Somos labranza de Dios, somos su finca y como tal, somos llamados a llevar una vida productiva. Claro que para ser productivo, hay que pasar por un proceso de modo que lleguemos a esa vida que anhelamos. Dios, en su amor y misericordia nos ubica en ese proceso. Y lo hace de una manera muy peculiar, para que seamos hijos que demos buenos frutos.

Volvamos ahora a lo anunciado por el profeta Isaías en el capítulo 5, versículo 1: *Ahora cantaré por mi amado el cantar de mi amado a su viña. Tenía mi amado una viña en una ladera fértil.* El profeta Isaías dice: Yo voy a cantar por Él, porque Él tiene una canción para su pueblo. Yo voy a ser el intérprete de esa canción. ¿Saben?, hay personas que escriben canciones pero no son ellos quienes las cantan. Los autores le dan la letra a un compositor para que le ponga la música y a otro para que la vocalice.

De modo que este hombre está vocalizando la canción que escribió Dios para su pueblo; él está recitando el poema que escribió el propio Dios. Por eso dice: *Ahora cantaré por mi amado el cantar de mi amado a su viña.* Isaías es un hombre modesto, no se atribuye ningún mérito ni dice: "Quiero que sepan que esta canción salió de mi pluma o de mi corazón".

Al contrario, afirma que es el cantar de su amado a su viña. O sea, es como si yo me parara a predicar y dijera: "Hermanos, ahora les voy a predicar mi mensaje". Sin embargo, ese no es mi mensaje, sencillamente expreso el mensaje de Dios para los receptores: ustedes; solo estoy vocalizando lo que Dios quiere que ustedes sepan.

Ahora cantaré por mi amado el cantar de mi amado a su viña. Tenía mi amado una viña en una ladera fértil. La había cercado y despedregado y plantado de vides escogidas; *había edificado en medio de ella una torre, y hecho también en ella un lagar; y esperaba que diese uvas, y dio uvas silvestres.* Esta es una canción de amor. Dios tiene un gran amor por su pueblo; tanto que ha compuesto una canción en la que indica que su pueblo no ha sabido apreciar ese amor.

El amado tenía una hija que se llamaba fulana de tal, a la que bendijo, cuidó, protegió, le dio trabajo, la ayudó a ganar dinero, le dio gracia; cuando se enfermó la sanó, le enseñó la Palabra, y ella cantaba y adoraba. El Señor esperaba que ella fuera una hija excelente, obediente, una predicadora, una trabajadora para su obra, pero no fue así. Todo lo contrario, se convirtió en una hija amargada, peleona, resabiosa, malcriada, desobediente, después que Dios le dio tanto. De eso es de lo que se trata este poema.

Ahora quiero que ustedes entren a la poesía: "Tenía mi amado una viña en una ladera fértil" (v. 1). Parafraseando sería: "Tenía mi amado una finca sembrada de uvas en una ladera que era fértil". Casi al instante nuestra mente se dirige al pueblo de Israel en Egipto. Allí Dios le dice a Moisés: "Ve, diles que salgan, que yo los llevaré a una tierra que fluye leche y miel, ladera fértil". ¿Qué hizo este amado con su finca? La había cercado, despedregado y plantado de vides escogidas (v. 2). Nosotros encontramos la ubicación. Una de las cosas más bellas que hace Dios es cuando Él nos ubica.

Doquiera nos encontremos, somos nosotros los que tenemos un vacío en el corazón. Doquiera nos hallemos, estamos descontentos y siempre nos queremos mover o mudar. Hay gente a la que se le pregunta ¿por qué se quieren mudar?, pero no saben realmente el motivo y contestan: "No, porque se me acabó mi tiempo". La insatisfacción que tienen habla del vacío que sienten muchas de ellas. Dios sabe dónde ubicarnos. El que nosotros no sepamos sacarle provecho al lugar donde Dios nos puso y no vivamos a la altura en que nos puso, es cosa nuestra; pero Dios sí sabe ubicarnos.

Tenía mi amado una viña en una ladera fértil (v. 1). Dios te coloca siempre en un lugar fértil. Donde estés plantado es donde vas a producir. Si estás plantado en un punto determinado, allí es donde has de dar frutos. Dios siempre te ubica en donde vas a producir. Cuando te das cuenta del lugar en que estás, produces, porque una cosa es lo que tu pasión desea y otra es donde Dios te ha puesto. Si parafraseas el pasaje y miras el contexto histórico y teológico, verás que te dice que cuando Dios liberó a su pueblo de Egipto, lo sacó por un desierto para llevarlo a una tierra que fluye leche y miel.

De los versículos 1 y 2 aprendemos que cuando Dios nos pone en un lugar, también establece un sistema de vigilancia y protección. Dios pone ángeles a tu alrededor, te cerca, te rodea. Se deduce que en esa finca que tenía ese amado, lo que este hizo fue cercarla... hizo un vallado o verja, cerca o empalizada, como quieras llamarla. Eso es lo que hace Dios. Te cerca. Donde Dios te pone, envía ángeles para que te rodeen. Dios cerca a los tuyos, a tu familia y a tu vida. Si te mantienes en la voluntad de Dios, tu vida siempre estará cercada.

Pero el día que te salgas de la voluntad de Dios, se te va la cerca. Lo que garantiza que los ángeles permanecerán cercándote es que estés dentro de la voluntad de Dios;

por lo tanto, si sales de esa voluntad, te estás saliendo de la finca, te estás saliendo de la verja, de la empalizada.

Y sigue diciendo en el versículo 2: *La había cercado y despedregado y plantado de vides escogidas.* Este versículo habla de acondicionamiento, de preparación. Lo primero que hace Dios cuando llega a nuestras vidas, es que nos limpia de todo pecado, nos acondiciona; limpia nuestra conciencia, limpia nuestra vida porque Dios sabe que con pecado, nadie progresa; nadie con pecado produce.

Todo el que tiene pecado tiene maldad y malicia; por lo tanto, se estanca, porque el pecado paraliza. El pecado impide que alcancemos nuestro destino en Dios. El pecado impide que uno vea la gloria de Dios; impide que uno se desarrolle.

Cuando uno tiene pecados ocultos —los cuales son iniquidades—, uno planifica pecar y anida maldades ocultas como rencores y malicias. Por eso, una de las primeras cosas que Dios hace cuando llegamos a Él es que nos limpia.

Isaías dice que Dios despedregó la finca, le sacó las piedras, la basura, dejó un terreno suave, listo para producir. Por lo tanto, una de las cosas que Dios hace con nosotros es que saca la basura del corazón, saca todo lo malo que hay en nosotros. Él nos limpia con la sangre de Cristo para que seamos productivos en la fe de Jesucristo.

Cuando uno llega al evangelio lo hace sin condición espiritual, para crecer y para producir. Además, Jesucristo crea las condiciones necesarias para que seamos hijos productivos, para que veamos hacia el futuro. Por desgracia, no todos tienen futuro en el evangelio, porque no se han dejado limpiar.

El futuro de esas personas es incierto, no se sabe dónde van a parar o dónde van a llegar. Pasará el tiempo y sabrás quiénes son los que no se han dejado limpiar ni acondicionar. Si quieres tener un futuro en Dios, déjate limpiar por la sangre de Cristo, déjate acondicionar por el poder de Cristo.

Por lo general, los seres humanos se preocupan por llegar a tener una casa, por lo que les depara el futuro cuando sean ancianos, o porque cuando mueran tengan un panteón en el cementerio dónde enterrarlos. Se preocupan por todos los aspectos de su vida, menos por el de la vida eterna con Dios, menos por ser hombres o mujeres de bien, siervos de Dios, titanes del evangelio en el futuro como en el presente.

> **Los seres humanos se preocupan por llegar a tener una casa, por lo que les depara el futuro cuando sean ancianos, o porque cuando mueran tengan un panteón en el cementerio dónde enterrarlos. Se preocupan por todos los aspectos de su vida, menos por el de la vida eterna con Dios.**

Asimismo, cuando llegamos al evangelio, Dios nos acondiciona. Él dice: "Hijo, déjame quitarte esa ropa que no sirve y ponerte una nueva. Hijo, déjame limpiarte, bañarte y vestirte porque como estás, no llegas ni a la esquina, menos al cielo". Por eso es que Dios nos limpia, nos acondiciona. ¿Cómo nos damos cuenta de eso?

El versículo 2 dice: "La había cercado y despedregado y plantado de vides escogidas". Después que te cerca, Dios te despedrega, te quita las piedras, te limpia, te quita todos los obstáculos. Él te quita todo lo que pueda impedir que crezcas y te desarrolles. También te quita los ídolos. En este versículo, "despedregar" simboliza "ídolos", porque los judíos acostumbraban adorar ídolos. Los hacían de yeso, piedra, metal o cualquier tipo de material duro. Por lo tanto, una de las cosas que hizo Dios fue "despedregarlo". Solamente se puede tener una relación con Dios cuando no hay idolatrías en nuestras vidas.

La segunda parte del versículo 2 dice: "Había edificado en medio de ella una torre, y hecho también en ella un lagar". Cuando este versículo menciona una torre, se refiere al templo de Jerusalén que Dios permitió que Salomón le construyera. La torre era para alojar a un vigilante en lo más alto. Asimismo, una iglesia o un templo, es una torre donde está el vigía del pueblo.

Una de las cosas que hace el pastor es guiar y predicarle a la gente para que no se pierda. Por eso es que el templo es la torre y el pastor es el vigilante que está en ella. La función del vigilante es avisar y decir: "Cuídense, porque ahí viene el enemigo". Por eso trato de asegurarme, en la iglesia que pastoreo, de ser un buen vigilante, de anunciarles el peligro y decirles cómo vivir a los creyentes.

> Una de las cosas que hace el pastor es guiar y predicarle a la gente para que no se pierda. Por eso es que el templo es la torre y el pastor es el vigilante que está en ella.

"Y esperaba que diese uvas, y dio uvas silvestres". Con esta desilusión termina el versículo 2. Cuando el Señor construyó su propia finca, no solamente la limpió y cercó, sino que también sembró buena semilla en ella. Tu vida es una finca. Y lo que hace Dios con tu vida —su finca—, es que la limpia, la cerca y luego le siembra semillas buenas.

Como finca de Dios que somos, Dios nos limpia, nos cerca, para protegernos de los demonios y del enemigo, y para sembrar su mejor semilla, que es su Palabra. Dios está constantemente sembrando en nuestros corazones para que demos buenos frutos. Aunque llegues al evangelio con muchos problemas, con muchas necesidades, con muchos pecados, habiendo cometido barbaridades, Dios te dice: "Hijo, llegaste al lugar indicado. Ahora te limpio con la sangre de mi Hijo Jesucristo, te visto con ropa de santidad y pongo un cerco alrededor de ti para que ningún demonio venga a ensuciarte".

Eso es lo que hace Dios con nosotros: nos limpia y entonces siembra. Así que ahora estás limpio, estás predeterminado, estás cercado. Dios siembra una semilla buena en ti. Ahora viene la Palabra a tu vida; la escuchas a través de los mensajes, de los consejos que escuchas, de los maestros y de la guianza de Dios, que va formando en ti algo diferente de lo que había antes.

Ya Dios te limpió, te cercó y te acondicionó, no solamente te acondicionó sino que te puso un lagar. Un lagar era una tina grande en la que se echaban las uvas para que los trabajadores las pisaran. Por eso, las uvas comenzaban a desbaratarse e iban soltando el jugo con el que se hacía el vino. Una de las cosas que Dios hace es que no solamente siembra la semilla en ti, sino que te procesa para que des buen vino.

¿Cómo se trabajaba en el lagar para producir vino? En la tina grande de piedra o de cemento los vendimiadores comenzaban a pisar las uvas hasta aplastarlas y desbaratarlas por completo; hasta que quedaran sin jugo. El líquido que quedaba en la tina era jugo de uva. Ese es el proceso al cual Dios nos somete.

Dios nos procesa. Muchas veces nos pasan cosas en la vida por las que parece que estamos siendo pisoteados. Hay quienes quieren huir y no seguir siendo más pisoteados. Pero no saben que dondequiera que se metan, si Dios se propuso sacar buen vino de ellos, Él los va a pisar, los va a triturar, los va a procesar...

"Si subieres a los cielos allí está Dios; si te metiereis debajo de la tierra allí está Dios; si levantareis las alas como las águilas y volareis, por dondequiera que te metiereis, te vais a encontrar con Dios". Cuando Dios decide procesarte es tremendo. Lo grande es que Dios te quiere procesar porque tiene un plan con tu vida, un propósito. Dios quiere hacer algo contigo. Dios "se la cogió contigo" y dijo: "Tú eres a quien yo necesito para esta obra, no importa dónde te metas, te alcanzaré y te voy a usar".

Hay personas que salen huyéndole a Dios y luego aparecen con un bastón, cojeando o con una pierna menos, sin embargo, como quiera Dios los usa. Pudieron haber sido usados con sus dos piernas, o sin bastón, pero como huyeron, Dios los descoyuntó para usarlos. Cuando Dios te quiere procesar no importa dónde te metas, Dios te procesará para lograr su propósito en ti, porque al fin y al cabo tú eres de Él. Le perteneces, por lo tanto, no te puedes escapar, porque ¿quién se puede escapar de Dios?

Sin embargo, la tercera parte de este versículo 2 exaspera mi alma: "y esperaba que diese uvas, y dio uvas silvestres". Uvas y uvas silvestres, las dos son uvas, pero son diferentes. Las uvas normales son el producto de la buena semilla que Dios plantó. Las uvas silvestres son las que crecen en el campo de forma natural por una semillita que el viento sopló y la llevó hasta allá.

Las uvas que son útiles para la reproducción y para hacer buen vino, esas, solo las planta Dios. Las uvas silvestres se llaman así porque son toscas y agrias. Algunas personas dicen que las uvas silvestres tienen apariencia de uvas buenas, pero no lo son. Las uvas silvestres aparentan que son de calidad, para hacer buen vino, pero no lo son.

"Esperaba que diese uvas, y dio uvas silvestres". Esto quiere decir que Dios espera de nosotros, frutos, de acuerdo a lo que Él ha plantado. Esto también significa que Dios no es ajeno a lo que ya ha hecho en nosotros. Aunque no sientas que Dios te habla, ni sientas su presencia, ni sientas que te diga algo, Él está pendiente de ti, porque sabe lo que puso en ti.

También significa que cada vez que escuchas un mensaje, eres responsable de que el mismo sea productivo, porque Dios lo puso en tu vida. Esto también quiere decir que hubiese sido mejor que nunca lo hubieses escuchado, porque a partir del momento que lo oíste, ya Dios estaba esperando cosas buenas de ti, pues Él lo sembró en tu conciencia y eso nunca se va a ir de ti.

Hay quienes quieren hacerse los desentendidos. "¿El evangelio?", dicen, "¿Qué es eso?", como algunos que en sus países eran evangélicos, tenían esposas, hijos; llegan a Estados Unidos, nadie los conoce, y se hacen como que nunca han oído del evangelio, y que ni siquiera familia tienen. Con el tiempo se descubre que esa persona tiene tres hijos por allá, dejó una mujer embarazada, pero se la está pasando como un bohemio, como si fuera soltero.

> **La finca de Dios son nuestras vidas y el plantío lo que Él quiere de nosotros. Él planta siempre lo mejor, nunca da cosas malas, por eso espera los mejores resultados. Dios no espera lo mejor de nosotros porque sea egoísta e injusto, espera lo mejor porque primero plantó lo mejor.**

Tal tipo de persona, en su propia conciencia, sabe que tiene una responsabilidad y que no se la quita nadie. Por eso fue que Cristo le dijo a Marta: "Marta, Marta, afanada y turbada estás con muchas cosas. Pero solo una cosa es necesaria; y María ha escogido la buena parte, la cual no le será quitada" (Lucas 10: 41,42). O sea, lo que entra a ti no se te va nunca, te mueres con eso.

Lo que estás leyendo aquí se irá a la tumba contigo, no te lo sacará nadie. Dios nos creó con capacidad para archivar y almacenar conocimiento e información. No importa lo que suceda con nuestras vidas ni los años que pasen, eso está ahí. Que no recordemos es una cosa, pero está ahí, porque en nosotros hay una memoria de corto término y otra de largo término. Algunas cosas vienen rápido a la memoria pero otras, hay que tocar muchas teclas para recordarlas. Así es que esta enseñanza, seguirá contigo toda la vida.

Cuando al Espíritu Santo quiere traerte algo a la memoria, te dice: ¿Recuerdas el día tal, a tal hora, tal persona, tal asunto...? Aunque quieras mover la cabeza y decir que no, por dentro alguien te dice: Sí. Es porque ahí está, quedó adentro.

"Esperaba que diese uvas, y dio uvas silvestres". Esto también quiere decir lo que Dios espera de ti. Dios te bendice y entonces se sienta y dice: "Yo voy a ver lo que hace ahora con esa bendición que le di". Se estaba muriendo y envié a quienes oraron por él, y sanó; pero ahora anda bebiendo licor. Voy a esperar a ver qué va a hacer, porque Yo soy quien le sanó. Se lo estaba llevando el diablo, estaba destruido, su familia estaba desecha, las drogas estaban acabando con él, pero Yo envíe un predicador, envié un mensajero, envié mi Espíritu Santo. Él lo tocó, lo sanó, lo limpió, pero ahora se está haciendo el loco. No tenía nada, era un arrastrado y Yo lo levanté, le di un nombre, le hice gente... Yo voy a ver lo que él va a hacer".

Dios no espera nada si no nos da; pero cuando nos da y nos habla, espera una respuesta. No importa dónde nos metamos, lo que Dios hizo por nosotros nos persigue dondequiera que vayamos. Hay quienes toman un paño y se lo ponen de tapón a la conciencia; mientras esta quiere hablarles, ellos intentan taparle la boca.

Sin embargo, Jesucristo advirtió: "Os digo que si estos callaran, las piedras clamarían" (Lucas 19:40). Si tú no hablas, las huellas de tus pies que entraron al templo van a decir: "Por aquí pasó, aquí estuvo sentado un día"... Y Dios sabe esperar. ¡Dios espera!

La finca de Dios son nuestras vidas y el plantío lo que Él quiere de nosotros. Él planta siempre lo mejor, nunca da cosas malas, por eso espera los mejores resultados. Dios no espera lo mejor de nosotros porque sea egoísta e injusto, espera lo mejor porque antes plantó lo mejor. Si estamos de pie todavía, es porque ha plantado lo bueno en nosotros. Si estás vivo todavía, es porque Dios ha plantado lo bueno en ti.

Este versículo es una cantera o una mina de la que podemos sacar y sacar... sin agotarse ni acabarse. Veamos el versículo 2 de nuevo: "y esperaba que diese uvas, y dio uvas silvestres". Las uvas silvestres, las agrias, se dan en los potreros, en las praderas; no son las que crecen en los viñedos, cuidadas y podadas.

> **Las uvas agrias hablan de hipocresía. La hipocresía consiste en que se aparenta una cosa pero, en realidad, es otra.**

Pero, ¿de dónde aparecieron esas uvas agrias, si eso no fue lo que Dios sembró? Cuando tienes algo agrio en tu vida, cuando tienes raíz de amargura, malas mañas y conductas erróneas, pregúntate quién te las sembró, porque no fue Dios.

Si aparece un resabio, una mentira, un engaño o una trampa en tu vida, pregúntate quién te lo puso, porque Dios no lo hizo. Tienes que cuestionarte: "Pero Dios mío, ¿de dónde surgió esto? ¿Por qué sale eso en mi vida?" Cuando descubres que en ti hay algo que no es bueno, tienes que decir: "Señor saca eso de mí, porque se supone que no debe estar ahí, ni se supone que crezca en mí, porque eso no es lo que tú me has enseñado, eso no es lo que tú has plantado en mí".

Puesto que lo que planta Dios es lo mejor, si está saliendo algo agrio, malo o negativo en tu vida, averigua y no digas que no lo sabías, porque todos sabemos cuándo sale algo malo de nosotros. El Espíritu Santo se encarga de crear conciencia, para que nos demos cuenta de que lo que está saliendo no es de Dios. Cuando eso pasa, di: "Señor, quita eso de mí, rompo con eso y lo reprendo, echo fuera todo lo negativo de mi vida.

Por otra parte, las uvas agrias hablan de hipocresía. La hipocresía consiste en que se aparenta una cosa pero, en realidad, es otra. Somos tentados a ser hipócritas, a jugar un papel que realmente no sentimos ni somos. El versículo dice que el Señor sembró buenas uvas y que, cuando vino a buscar lo que había sembrado, había uvas silvestres; y más todavía, ¡la planta, la vid, aparentaba tener buenas uvas!

Cuando alguien te trata y presentas una carita bonita, amigable, el que se acerca espera que de verdad seas lo que representas con la cara, pero tristemente —cuando profundiza la relación—, nota que no eres lo que presentas en tu rostro... De esas cosas tenemos que cuidarnos, porque son hipocresía. La gente te ve y dice: "Ah ¡qué cristiano! Cómo canta, ¡parece un ángel! Uao, cómo ora, ¡cuando ora el cielo baja!"

Sin embargo, eso es hasta que te tratan. Cuando se relacionan contigo, dicen: Dios mío, pero ¡qué demonio es este!" Esto es hipocresía. Tenía apariencia de buena uva, pero no era dulce sino agria, era uva silvestre. Lo que Dios planta en nosotros es lo mejor, por lo tanto, nosotros tenemos que dar lo mejor también.

El versículo dice: "esperaba que diese", o sea que Dios está esperando. Dios pregunta: "¿Cuánto tiempo tiene él asistiendo al templo?" Un año. "Y ¿ya estudió la palabra?" Sí. "Y ¿asiste a la escuela bíblica?" Sí. "Y ¿escucha al pastor cuando predica?" Sí, escucha todos los mensajes. "¿Y lee?" Sí, lee y se sabe casi toda la Biblia ya. "Bueno, ahora vamos a esperar a ver cómo llevará su vida". Pasado un tiempo, Dios dice: "Pero, ¡qué le está pasando!, si ya tiene cinco años en la Iglesia, lee y se sabe la Biblia, es maestro, es predicador pero, mira cómo vive ¿qué pasó?" Uva silvestre.

No obstante Dios es sensible, es un Dios que se comunica con su creación. Así que intenta razonar con los humanos respecto del asunto que le sorprende; y, a través del profeta Isaías, en el versículo 3, sigue diciendo: "Ahora, pues, vecinos de Jerusalén y varones de Judá, juzgad ahora entre mí y mi viña". Dios le escribió este poema a Jerusalén y Judá.

De pronto, cambia el sentido de la expresión y les dice: "Vecinos, quiero que sean jueces ustedes. Juzguen entre ese pueblo a quien bendije, a quien protegí, cuidé, le di riquezas, lo lavé con la sangre de mi Hijo, los llené de mi espíritu, y miren lo que me han hecho... sean ustedes los jueces. ¿Qué harían ustedes si fuesen Dios? ¿Qué harían con ese pueblo?"

Es como que Dios mismo dijera: "Te cuidé, te bendije, te limpié, te llené de mi gracia, te di de mi Espíritu Santo, te he hecho tantas cosas y mira cómo te has portado. Ahora ponte en mi lugar y di: ¿qué harías contigo mismo?"

Ahora nos queda meditar sobre... ¿qué tipo de fruto? Dios nos pone a juzgar por nosotros mismos para que nos digamos: "¿Qué clase de fruto soy yo? ¿Soy silvestre o soy dulce?" A través de Isaías, en los versículos 3 y 4, Dios interroga:

> *Ahora, pues, vecinos de Jerusalén y varones de Judá, juzgad ahora entre mí y mi viña. ¿Qué más se podía hacer a mi viña, que yo no haya hecho en ella? ¿Cómo, esperando yo que diese uvas, ha dado uvas silvestres?*

Si Dios ha hecho tanto por ustedes y por mí, ¿tiene o no tiene derecho a esperar obediencia de parte nuestra? ¿Tiene o no derecho a esperar lealtad de parte nuestra? ¿Tiene o no derecho a esperar trabajo de parte nuestra? ¿Tiene o no derecho a esperar que demos testimonio de su grandeza y de su poder? ¿Tiene derecho Dios a esperar lo mejor de nosotros? Sí. Tiene derecho a esperar de nuestras vidas obediencia, lealtad, consagración, trabajo y buen testimonio. Él tiene el derecho porque ha plantado la mejor semilla en nuestras vidas.

Dios nos ha plantado en una ladera fértil, la cual es el evangelio. Es una semilla y a la vez es una ladera fértil, porque Dios nos ha puesto a nosotros en el evangelio y ha puesto el evangelio dentro de nosotros. Somos llamados a ser productivos, porque se tiene que ver eso bueno que Dios ha puesto en nosotros.

¿Cómo evitar ser uvas silvestres? ¿Cómo evitar ser una persona agria? ¿Cómo evitar ser un individuo incómodo de tratar o ser alguien difícil? ¿Cómo podemos evitar ser una persona no productiva en el evangelio? ¿Cómo evitar ser amargados y aburridos, aborrecidos de la vida? Con la ayuda de Dios podemos evitarlo. Con la ayuda del Espíritu Santo podemos evitar ser personas difíciles. Estamos en el lugar indicado, en el sitio correcto, estamos EN EL SEÑOR. Tenemos la mejor semilla para dar la mejor uva, el mejor vino que alegre el corazón de nuestro Dios.

2
Revisa tu envase

Hay dos pasajes paralelos muy interesantes en la Biblia; veremos primero el que aparece de último. Es Lucas 5 versículos 38 y 39. Al analizarlo, hay algo que quisiera reiterar. Lucas 5:38-39 dice: *Mas el vino nuevo en odres nuevos se ha de echar; y lo uno y lo otro se conservan. Y ninguno que beba del añejo, quiere luego el nuevo; porque dice: El añejo es mejor.*

Mateo 9, en cambio, lo cita dentro de otro contexto. Veamos: el versículo 17: *Ni echan vino nuevo en odres viejos; de otra manera los odres se rompen, y el vino se derrama, y los odres se pierden; pero echan el vino nuevo en odres nuevos, y lo uno y lo otro se conservan juntamente.*

El Señor dio una explicación respecto de esta parábola: Parafraseando dijo que, si no se cambia de envase, se va a derramar lo más preciado. Usar métodos y estilos de vida antiguos como un evangelio nuevo y poderoso, causará desastres.

Los odres se hacen de pieles de animales. Si tienes un vino nuevo, necesitas un envase nuevo. El vino nuevo es símbolo del Espíritu Santo, del gozo de Dios; por tanto, necesitas envase nuevo, ya que el vino nuevo es tan poderoso que rompe cualquier envase antiguo. Si quieres bendición nueva, prepara tu corazón para que puedas recibirla. Bendición nueva demanda corazón nuevo. Bendición nueva, fresca, demanda un envase nuevo, porque la bendición tiene su proceso de desarrollo. Una bendición o la presencia del Espíritu Santo en nuestra vida, no llega para estar estática.

La presencia del Señor no es como el agua que echas en un vaso y se queda ahí, no; la presencia del Señor llega y comienza a producir un efecto, porque la presencia del Señor es atacada, afectada, presionada por la necesidad del lugar donde está, del envase donde está. Te lo digo de otra manera: Cuando la presencia del Señor llega a la vida nuestra, tenemos unas necesidades, unas ambiciones, unas metas, unos sueños, unas aspiraciones, puesto que nosotros —los seres humanos— somos consumistas por naturaleza. Continuamente estamos consumiendo cosas.

Las mismas necesidades que tenemos como seres humanos nos hacen consumir. Como necesitamos bañarnos, consumimos agua; como necesitamos comer, nuestro consumo es de alimentos; como necesitamos descansar el cuerpo, pues necesitamos consumir camas; por tanto, por naturaleza somos consumistas.

Y en el sentido espiritual también estamos consumiendo continuamente. ¿Saben por qué? Porque afuera hay lo que se llama el poder del mal. De modo que para mantenernos de pie y no dejarnos aplastar por ese mal, estamos —continuamente— consumiendo poder espiritual del bueno, sano, para mantenernos puros y limpios. Porque si no tenemos poder espiritual puro y santo dentro de nosotros, el poder del mal nos traga, nos consume.

Por ejemplo, si pones un vaso de agua en el sol, ¿sabes lo que va a pasar? El sol la va a consumir. En la mañana no vas a encontrar la misma cantidad de agua que pusiste puesto que el calor del sol va evaporándola y ella sube en forma de vapor. Así ocurre con los problemas, consumen lo que nosotros tenemos dentro. Lo bueno que hay de Dios dentro de nosotros, lo que Dios ha depositado dentro de nosotros se va gastando, consumiendo con los ataques externos.

> **Para mantenernos de pie y no dejarnos aplastar por el mal, estamos —continuamente— consumiendo poder espiritual del bueno.**

Vas a la estación de gasolina y le echas gasolina al automóvil. Ese combustible, al encender el auto, produce una combustión, un fuego por dentro del motor que gasta la gasolina y tienes que volver a echarle. Eso pasa en la vida espiritual, por eso es que vas al templo un día y dices: "Ah, tengo que ir al templo de nuevo", y el próximo día vuelves a decir: "Ah, tengo que ir al templo de nuevo".

En otras palabras, imagínate que estuvieras en el desierto y no tuvieras un oasis de donde beber, del cual alimentarte, de donde fortalecerte... Ahora, medita en que cada vez que vas al templo te reabasteces, vuelves y te llenas, vuelves y recibes de las alabanzas, de los mensajes que yacen en las alabanzas, de lo que un hermano dijo, de los sermones de la Palabra de Dios. Si no hubieran esos recursos, esas fuentes, para llenarte, ¿qué fuera de tu vida? Como dice el salmista: "al no haber estado Jehová con nosotros, nuestros enemigos, vivos nos hubieran tragado".

Si Dios no hubiese hecho un lugar donde uno pueda alzar las manos y adorar, cantar, glorificarle y escuchar un mensaje de su Palabra, ¿qué hubiese sido de la vida nuestra? Nos secamos, nos consumen los problemas. Por eso es que debemos tener odres nuevos... para recibir vino nuevo. El odre lo ponemos nosotros y el vino lo pone Dios. Somos nosotros los que nos vaciamos. Necesitamos que Dios eche dentro de nosotros de su vino, de su Espíritu.

> **Así como el vino que se vende embotellado en las licorerías embriaga a la gente físicamente, el Espíritu Santo nos embriaga del amor de Dios.**

El vino es tipo del Espíritu Santo. Por eso dijo el apóstol Pablo: "No os embriaguéis con vino, más bien antes sed llenos del Espíritu Santo". Así como el vino que se vende embotellado en las licorerías embriaga a la gente físicamente, el Espíritu Santo nos embriaga del amor de Dios. De forma que, para recibir el vino nuevo que Dios tiene para ti, necesitas preparar tu envase. No trates de echar un vino nuevo en un envase antiguo, porque el proceso del vino para fermentarse hace que se rompa el envase y produce un desastre.

¿Has visto a alguien cuya vida está plagada de desastres? Al observarlo dices: "Tanto tiempo que tiene en el evangelio y ¿por qué no está más firme? ¿Por qué no es más productivo? O ¿por qué no es más pujante? ¿Qué le pasó, por qué se descarrió? ¿Por qué se fue al mundo otra vez a hacer lo que hacía antes?" La respuesta es que puso un vino nuevo en un envase no adecuado.

El evangelista Mateo (9:18) afirma: "Mientras él les decía estas cosas, vino un hombre principal y se postró ante él, diciendo: Mi hija acaba de morir; mas ven y pon tu mano sobre ella, y vivirá". El Señor estaba hablando del proceso de recibir a Dios, y precisamente en ese momento viene una persona y le dice: Quiero que vengas a mi casa porque mi hija acaba de morir... Ahora, ¿se puede imaginar el drama? Hay mucha gente escuchando a Jesús, que está hablando de lo que hace el Espíritu de Dios, de cómo hay que tener el corazón para recibir al Espíritu de Dios, y cómo no se puede mezclar la religión antigua, la religiosidad, con el vino nuevo... El Señor está hablando sobre algo tan delicado y, de pronto, el hombre lo interrumpe.

Ahora, veamos el versículo 19: "Y se levantó Jesús, y le siguió con sus discípulos". Hay otra enseñanza aquí: Cuando el hombre llama a Jesús y le dice: "Pon tu mano sobre mi hija, y mi hija vivirá" todavía Jesús no había terminado de hablar y el hombre ya le está diciendo que con solamente poner la mano sobre la niña, esta iba a vivir. ¡Qué seguridad tenía ese hombre!... E inmediatamente el Señor lo siguió. Si quieres que el Señor siga por donde le pides que vaya, necesitas tener seguridad, porque si no estás seguro, no vas a llevarlo.

> **Si quieres que el Señor siga por donde le pides que vaya, necesitas tener seguridad.**

Lo más triste es seguir a un inseguro. Es un fracaso seguir a alguien que no está seguro de lo que hace, de lo que dice, ni sabe a dónde va. Necesitas estar seguro de lo que quieres. Hay personas que no reciben respuestas a sus oraciones porque piden cosas que ni ellos mismos están seguros para qué sirven. Es más, hay gente que le pide cosas a Dios y si se les pregunta, cuando Dios se las da, ¿qué van a hacer con ellas?, contestan: "Bueno, voy a pensarlo".

Entonces, ¿para qué lo quieres si tú mismo no estás seguro de qué vas a hacer con lo que le estás pidiendo a Dios? Si quieres mover a Dios en la dirección tuya, si quieres que Dios haga algo contigo, tienes que estar seguro de lo que quieres.

El versículo 20 dice: "Y he aquí una mujer enferma de flujo de sangre desde hacía doce años, se le acercó por detrás y tocó el borde de su manto". No solamente encontramos a un hombre del pueblo "con autoridad", sino también a una mujer enferma. La Biblia dice que padecía de flujo de sangre desde hacía 12 años. Ella se le acercó por detrás y tocó al borde del manto del Señor.

¿Qué motivó a esa mujer a tocar el borde del manto? Ella no tocó el borde del manto porque estuviera enferma... El versículo 21 indica: "porque decía dentro de sí: Si tocare solamente su manto, seré salva". Así que aprendan este principio, que no se les olvide: Es mejor que tú te hables, a que otro te hable. Siempre que te hablas a ti mismo, es porque tu conciencia te lo dicta.

No hay mejor conversación que la que puedes sostener contigo mismo. Sí, porque hay gente que quiere escuchar la opinión de cincuenta voces y no escucha la de su conciencia. Tu conciencia nunca te va a engañar, al menos que esté cauterizada. Porque ella es el tribunal de Cristo, el tribunal de Dios, desde donde el mismo Dios te habla. Te lo digo de otra manera: Cuando Dios te quiere decir algo, ¿sabes que usa? ¿Acaso es un micrófono? ¿Un púlpito? No, usa un tribunal que se llama tu conciencia. Y lo más lindo es que cuando tú mismo te hablas no te puedes engañar.

Pedro afirma que si tu conciencia te habla, mayor es Dios que tu conciencia. Te lo digo de otra manera: si tu conciencia te susurra algo, Dios te lo está diciendo a voz en cuello, porque Dios es más grande que la conciencia, puesto que la conciencia la creó Dios, y si la conciencia dice algo... imagínate ¡qué no estará diciendo Dios!

La mujer del flujo de sangre "decía dentro de sí". Detengámonos ahí. Aprende a conversar contigo, aprende a hablarte a ti mismo. "¿Estarás haciendo lo que Dios quiere que hagas? Aprende a hablarte a ti mismo, ya que cuando lo haces pones en acción una determinación del mismo Dios que te está usando a ti para hablar. ¿Sabes que muchas veces, aun en lenguas, el Espíritu Santo habla con nosotros, para nosotros, a través de nosotros mismos? Después que termino de orar cinco, diez, quince o veinte minutos, me quedo tranquilito, sin decir una palabra más, en calma; y Dios empieza a hablarme. Tenemos que aprender a desarrollar este principio.

La meditación es muy poderosa. Se cree que el ser humano debe meditar no menos de tres minutos diarios. Así que cierra tus ojos y quédate tranquilito, durante tres minutos diarios; no digas nada, no converses con nadie, habla con tu conciencia. Porque Dios tiene un micrófono instalado en ella y hay una bocina que está hablando dentro de tu propia conciencia, de modo que los mejores resultados salgan.

Los afanes de la vida nos impiden obtener los resultados que queremos, porque pasamos el tiempo pendientes de nuestra agonía, el bullicio, el trabajo, los muchachos, el teléfono, el carro, los semáforos, echarle gasolina al auto, pagar la renta, pagar las "facturas", correr de aquí para allá, hablar con fulano, llamar a mengano... Cuando nos damos cuenta, nos pasamos todo el día, afanados en "nuestras cosas" y no le dimos un chance a Dios para que nos dijera algo a través de la conciencia.

Sin embargo, resulta que es casi seguro que la solución del problema ya Dios la tenía y estaba esperando un chancecito para decírtelo al oído. La solución ya estaba lista, pero el afán nuestro fue tan grande que no le dimos chance a Él. Te lo digo de otra forma, quisimos abarcar el globo terráqueo con los brazos, y las cosas se nos fueron por los dedos como se escapa el agua.

> **A veces la solución la tenemos dentro y la estamos buscando fuera.**

Ahora repasemos el versículo 21: "porque decía dentro de sí". Esta mujer tenía 12 años sufriendo con esa enfermedad. No sabía qué hacer. Dice otro evangelista que había gastado todo lo que tenía en médicos y nadie le había podido resolver su problema. O sea, ella habló con un doctor, con otro doctor y otro, y otro; consultó un curandero, trató con todo el mundo y nadie la ayudó a salir de su mal.

Sin embargo, ¿sabes cuándo encontró la solución? Cuando habló consigo misma. Y es que, a veces, la solución la tenemos dentro y la buscamos afuera, hablando con fulano, con zutano, con perengano, y nunca nos ponemos a meditar por un momento para hablar con el que debemos consultar y decirle: "Dios y tú, ¿qué dices?" Le espetamos: "Dios, hablé con fulano, con el pastor, con la pastora, con el diácono, con el psicólogo, pero y tú, Dios, ¿qué dices?" Y cuando Dios habla, ¿sabes lo que va a suceder? Dios te va a dar la medicina para ese mal.

La respuesta que otros no tienen, Dios la tiene para nosotros. En el versículo 21 la mujer dijo dentro de sí: "Si tocare solamente su manto, seré salva". Ella misma se lo dijo: "Mi problema se va a resolver con tocar el manto que Jesús lleva encima; si toco un borde de la tela, de cualquier parte de la tela que llevaba en su cuerpo, sé que voy a ser sana". Ella se dijo a sí misma "si yo toco". Llevaba doce años enferma, pero en ese día, ella se dijo "si yo toco" y ya, se resolvió el problema. En otras palabras, ella dice: ¡Seré salva! La mujer habló aquí en términos de salvación total. Ella no habló de solución de problemas solamente, habló de cuerpo y de alma.

Cuando la mujer del flujo de sangre tuvo la convicción de que era salva, puso en juego el todo de su ser: espíritu, alma y cuerpo. Porque lo que se dijo ella, dentro de su conciencia, fue el mismo Dios quien se lo indicó. Te lo digo de otra manera: la Biblia dice que todo don perfecto y toda buena dádiva viene del Padre de las luces. Así es que si a ella se le ocurre decirse eso a sí misma, no se lo inventó ella; eso fue, que en un momento de meditación y de reflexión, se puso en contacto con el cielo, y el cielo le habló a su conciencia. Eso me sorprende, porque sabes que si te pones en comunión con Dios, la solución que hace años has estado buscando, de pronto, Dios te ilumina y allí está. Como lo hizo esta mujer: "Ah, se dijo... la solución la tengo yo; si solo toco el manto de Jesús, seré sana".

Esa es la insistencia que vemos en el versículo 21: Si tocare solamente su manto, seré salva. Fue entonces que ella habló de salvación en forma integral. Porque ella estaba hablando de sanidad física y sanidad del alma. Estaba hablando de dos sanidades. Integral porque aquí entran en función los tres aspectos de ella como ser humano. El aspecto de su espíritu entró en función porque el Dios del cielo le habló a través de su espíritu, le habló a la conciencia de ella a través de su espíritu. Luego está su alma porque ella dijo: ¡seré salva! Ella se está refiriendo a la salvación de su alma, pero no solamente de su alma, sino al efecto de la unión del espíritu de Dios con el espíritu de ella, afectando su matriz, su interior, de donde estaba fluyendo sangre.

Ella pensó que ya era un hecho en el mundo de Dios. Te lo voy a decir de otra manera: cuando Dios obra en tu espíritu, ya todo el cielo se ha puesto de acuerdo para hacer el milagro en tu vida. ¡Qué milagro más bello! ¡Qué invitación más bella nos hace el Señor! Por eso es tan linda la meditación. Aprendan a sacar diariamente no menos de tres minutos para estar tranquilos en algún sitio, con los ojos cerrados, sin decirle nada a Dios, dejando que sea Él quien hable. Denle lugar a Dios a que invada su vida. No escuchen música, no escuchen ruido, no escuchen nada, solamente vean en el silencio. En el silbo apacible, Dios habla.

El profeta Elías estuvo en una cueva. ¿Cuándo escuchó la voz de Dios? En el silencio, en un silbo apacible. Meditar es permanecer calladito, sí, porque hay gente que dice: "Señor, yo quiero esto; Señor, yo quiero aquello; Señor, ayúdame con esto; Señor, mira esto; Señor, mi hijo tiene fiebre; Señor, los zapatos; Señor, mira la casa"; y cree que diciendo y repitiendo esa perorata Dios le va a responder: "Ya, te voy a hacer el milagro". No, no. De vez en cuando, quédate callado y deja que Él hable. Dale un chance porque (humanamente hablando) Dios también tiene derecho a hablar.

En algún momento el Espíritu le habló al corazón de esta mujer y le dijo: "¿Fuiste a muchos médicos?" La mujer le dijo que sí, fue a muchos médicos. "Pero tú no has visto al médico de los médicos" y la mujer le preguntó: "Y ¿cuál es ese?" A lo que Él le dijo: "El que anda por ahí". Era una vocecita que le hablaba a su conciencia, porque la Biblia dice que ella se dijo a sí misma. O sea, cuando tú me hablas, es porque piensas, y cuando te hablas a ti mismo es a tu conciencia que le estás hablando. Ella se dijo a sí misma: "Si tan solo yo toco su manto, seré salva".

"Pero Jesús", dice el versículo 22, "volviéndose y mirándola, dijo: Ten ánimo, hija; tu fe te ha salvado. Y la mujer fue salva desde aquella hora". Otro evangelista dice que el Señor iba con mucha gente y dijo: "Alguien me ha tocado" y le dijeron: "Pero cómo estás diciendo que alguien te ha tocado, lo que pasa es que hay mucha gente y tú sientes que chocan contigo y te aprietan". Pero Jesús dijo: "No, alguien me ha tocado porque virtud ha salido de mí".

Sin embargo, el evangelista Mateo, que les escribe a los judíos, dice de otra manera. Mateo afirma que el Señor, volviéndose, mirando para atrás... O sea, la mujer dijo: "Si yo toco el borde de su manto, seré sana". Y al instante el Señor se volteó y dijo: "Ten ánimo, hija; tu fe te ha salvado". Tanto Marcos como Lucas, que enfocan el hecho de otra manera, están en lo correcto. Así como en esos evangelios, en Mateo se lee que el Señor le dijo a la mujer: "Ten ánimo, tu fe te ha salvado".

Cuando la mujer se vio cerca de Jesús, se dijo: "Esta es mi oportunidad, no me la puedo perder, si tan solo tocare..." porque ¿para dónde iba Jesús? A resucitar a una muchacha. Y ella siguió razonando: "Si lo tengo tan cerca, debo aprovechar esta oportunidad". Hay oportunidades que no se pueden desperdiciar. Ella, escuchando que el hombre le dice: "Maestro, quiero que vayas a mi casa porque mi hija está enferma y quiero que vayas y me la sanes", se dijo... ¡esta es mi oportunidad!

Hay mucha gente que tiene que decidir cuál es su oportunidad. Quiero que sepas que estar cerca del Señor, estar en el evangelio, es tu oportunidad. Con solo el toque del manto de Dios, Él sana. Todos los derrames se detienen con el toque del poder de Dios. Toda enfermedad, no importa cuál sea, nosotros sabemos, creemos, predicamos y enseñamos que con el toque del poder del Maestro es sanada.

En otro evangelio dice que el Señor se impresionó con esa mujer. Aquí hay una enseñanza: Hay personas que son frías, secas, que no importa lo que Dios pueda hacer con ellos (y es capaz de hacer cosas grandes con ellos), pero como son así, tratan igual a los demás y no ven milagros. ¿Saben quiénes ven milagros? Las personas que dicen: "Yo creo que Dios lo puede hacer". Por doce años los médicos, todos han hablado negativo; pero yo sé que don de terminan los médicos, comienza el Dios del cielo, yo lo creo. Y creo que cuando un médico dice no, Dios dice sí. Cuando un doctor dice que no se puede, Dios dice que tiene la solución". Nosotros tenemos testimonio de eso, por ello le damos toda la gloria a Dios.

> **Hay lugares en los que cuando el Señor va a hacer un milagro, es preciso sacar a algunas personas.**

El Señor se volteó y le dijo: "Tu fe te ha salvado, ten ánimo". Ella lo había pensado, no se lo había dicho a nadie, era simplemente un pensamiento que tenía. Pero al instante en que tocó el borde del manto del Maestro, el Señor le dijo "mujer".

Otro evangelista dice que se volteó, se viró y le dijo: "Ten ánimo". Ella se dio cuenta de que había sido descubierta, dice aun otro evangelista. Ella creía que era un secreto, pero no sabía que fue Dios que se lo puso en el corazón a ella, y era Dios que estaba caminando ahí en Cristo Jesús. ¿Sabes quién se lo puso en la mente y en su corazón? El Espíritu Santo, pero ella no lo sabía. Sí, porque hay cosas que Dios pone y uno no sabe que Dios nos lo ha puesto.

En los versículos 23 al 26 vemos que "al entrar Jesús en la casa del principal, viendo a los que tocaban flautas, y la gente que hacía alboroto, les dijo: Apartaos, porque la niña no está muerta, sino duerme. Y se burlaban de él.

Pero cuando la gente había sido echada fuera, entró, y tomó de la mano a la niña, y ella se levantó. Y se difundió la fama de esto por toda aquella tierra".

Hay lugares en los que cuando el Señor va a hacer un milagro, es preciso sacar a algunas personas. Eso parece raro, pero hay personas que son piedra de tropiezo para que Dios haga lo que quiere. Lo voy a explicar desde varias vertientes: La primera es que hay personas que no tienen un nivel de comunión y, por tanto, son sensibles a los demonios. En sus espíritus tienen una contaminación que los hace ser parte de una red. Es como cuando hay dos o tres que están unidos en espíritu para hacer cosas buenas.

Digamos, si antes de iniciar un culto hay dos o tres personas que están dispuestas a orar por el servicio, que saben que voy a predicar —y se ponen a interceder por la exposición de la Palabra y por las almas perdidas que la oigan—, al comenzar a orar se desata una bendición, se rompe todo obstáculo, todo impedimento, se abre el cielo, los corazones son sensibilizados a la voz de Dios y muchas almas se convierten. Todo ello como efecto de que se unen esos dos o tres en oración, en meditación y se conectan en el espíritu. En el aspecto negativo sucede lo mismo.

Recuerdo que en la iglesia en que me convertí, un grupo de creyentes fueron a una casa a orar por una persona que estaba grave. El Espíritu Santo levantó a una joven de la iglesia y le indicó que algo del techo de esa casa debía quitarse. Eran unos amuletos que estaban en el techo y nadie lo sabía, pero el Espíritu Santo sí lo sabía. La razón por la cual la persona no podía ser sanada era porque había rastros, residuos o cosas demoníacas que impedían que el milagro se efectuara.

Regresando al pasaje del evangelio, el Señor llega al lugar y ve a la gente alborotada, alimentando la tragedia, tocando flauta, porque cuando una persona se resiste a lo que Dios va a hacer, alimenta a la oposición. Entonces el Señor dice: "Estos están tocando y cantando, y haciendo alboroto porque la niña murió. En vez de estar clamando y gimiendo para echar fuera al demonio de la muerte, están uniéndose a la fiesta del velorio. Ya tenían un velorio por adelantado.

Hay oraciones que vas a pronunciar, pero hay personas que no pueden estar ahí, porque no son consagradas, no tienen ni la comunión ni la relación con Dios. Tales personas son una piedra de tropiezo. Y tú dices: "Pero Señor, ¿qué pasó?, tanto que oramos y la semana pasada el Señor con menos hizo un milagro, y sanó. ¿Qué paso hoy?" Tienes que averiguar qué hay ahí adentro. Hay un nivel de comunión que se necesita, hay un nivel de relación que se necesita. Por eso en las iglesias donde hay contiendas, donde hay tirantez, tira y hala, y bochinche, el Espíritu Santo no salva a mucha gente. Esas iglesias viven vacías porque no hay un fluir de Dios.

Lo que da libertad al cautivo es el fluir del Espíritu Santo de Dios. Se lee en el pasaje del Evangelio, que cuando el Señor llega, dice: "Sáquenme a toda esa gente de ahí". "¿Los que están allí, cantando?" "Sí, no importa que estén cantando... que se vayan todos de ahí". "Es que están tocando la flauta". "Que se vayan de ahí". Y dice la Palabra que hasta que ellos no se salieron, Él no entró.

Hay lugares en los que para que Dios entre, hay que sacar ciertas cosas, ya que no pueden estar los dos juntos. Un espíritu negativo se tiene que ir para que Dios entre en escena. Por eso es que en nuestra casa tenemos que tratar de que haya comunión. En nuestros hogares tenemos que evitar que haya murmuración, críticas, pleitos, chismes y contiendas. En nuestra casa no se deben decir malas palabras, porque donde se echa maldición, donde se expresan malas palabras, los demonios se meten y Dios no hace los milagros que quiere hacer.

Al fin el Señor llegó; ya la niña estaba muerta y la gente empezó a tocar flautas, a gritar y a cantar, y dijo el Señor (pensando a nuestra manera): "Saquen a toda esa gente de ahí si quieren que yo haga el milagro". Hay gentes que quieren el milagro pero no quieren sacar las cosas malas; quieren que Dios haga la obra pero no quieren sacar las cosas negativas, y no saben que esas cosas negativas tienen un hilo de comunicación con los demonios. Cristo dijo: "El que no es con nosotros, es contra nosotros". Él mismo lo dijo: si estos no están con nosotros, están contra nosotros, así que ¡sácalos!

Hay veces que deseamos ser más buenos que Dios y queremos tener a los demonios, al diablo, a Dios, al Espíritu Santo, a la Biblia y a los hermanos, a todos juntos. Si quieres milagros, tienes que sacar las malas palabras; si quieres prodigios, tienes que sacar las maldiciones; si quieres favores, tienes que sacar la murmuración, si quieres dádivas, tienes que sacar el odio. Saca todo lo negativo si quieres que Dios haga algo grande en tu vida.

La Palabra cuenta que Jesús le dijo a esa gente que la niña no estaba muerta sino que estaba durmiendo.

Eso quiere significar que cuando uno está muerto ve a todos los demás muertos. Pero cuando uno está vivo, se puede ver el milagro de la resurrección y, al verlo, declararlo un hecho... y vivir también. El Señor miró en el espíritu que Dios se quería glorificar a través de la niña. Aquellos miraron y lo que vieron fue un velorio, un mortuorio; comenzaron a celebrar la muerte de la niña. Ustedes no tienen que estar celebrando muerte; tienen que celebrar vida.

> **Cuando uno está muerto ve a todos los demás muertos. Pero cuando uno está vivo, se puede ver el milagro de la resurrección y, al verlo, declararlo un hecho... y vivir también.**

Se puede ver que ellos tenían un espíritu contrario al Señor. Aunque celebraban la muerte, Cristo vino a dar vida; por tanto, había que sacarlos puesto que ellos no estaban en la misma línea. Si quieres ver cosas bellas de Dios, tienes que ponerte en la misma línea con Él y verás las cosas más bellas de Dios.

Mateos 9:25 dice: "Pero cuando la gente había sido echada fuera, él entró, y tomó de la mano a la niña, y ella se levantó". Ahí el Señor ya había hecho el milagro: tomó a la niña de la mano y ella se levantó. Mientras ellos cantaban y celebraban la muerte, Jesús levantó a la niña. ¿Ven lo sencillo que era? Así pasa con nosotros. Cuando sacas las cosas que estorban, ahí mismo el Señor entra, te toma de la mano y hace lo que estabas esperando que Él hiciera.

Tenemos que pedirle al Señor que nos ayude a sacar lo negativo de nuestras vidas. Tenemos que pedirle que nos dé fuerza y sabiduría para sacar todo lo que no sirve, todo lo que no le gusta a Él, todo lo que no le agrada, todo lo que no vale la pena tener en nuestras vidas, en nuestros hogares y en nuestras familias.

3
El propósito de la elección

En Efesios capítulo 1, versículos 3 al 14 vemos que dice:

Bendito sea el Dios y Padre de nuestro Señor Jesucristo, que nos bendijo con toda bendición espiritual en los lugares celestiales en Cristo, según nos escogió en él antes de la fundación del mundo, para que fuéramos santos y sin mancha delante de él. Por su amor, nos predestinó para ser adoptados hijos suyos por medio de Jesucristo, según el puro afecto de su voluntad, para alabanza de la gloria de su gracia, con la cual nos hizo aceptos en el Amado. En él tenemos redención por su sangre, el perdón de pecados según las riquezas de su gracia, que hizo sobreabundar para con nosotros en toda sabiduría e inteligencia. Él nos dio a conocer el misterio de su voluntad, según su beneplácito, el cual se había propuesto en sí mismo, de reunir todas las cosas en Cristo, en el cumplimiento de los tiempos establecidos, así las que están en los cielos como las que están en la tierra. En él asimismo tuvimos herencia, habiendo sido predestinados conforme al propósito del que hace todas las cosas según el designio de su voluntad, a fin de que seamos para alabanza de su gloria, nosotros los que primeramente esperábamos en Cristo. En él también vosotros, habiendo oído la palabra de verdad, el evangelio de vuestra salvación, y habiendo creído en él, fuisteis sellados con el Espíritu Santo de la promesa, que es las arras de nuestra herencia hasta la redención de la posesión adquirida, para alabanza de su gloria.

Esta carta del apóstol Pablo es una de las escritas desde una prisión. Está dirigida, destinada a un pueblo, a una iglesia, a una congregación: los efesios. Pablo escribió 13 cartas, entre ellas, dos que son: a los filipenses —que tiene que ver con un consejo, animando a la iglesia de Filipo—. Y la otra que es precisamente la de los efesios, y tiene que ver con elogios y palabras de ánimo a la iglesia de Éfeso.

Hay otras cartas dirigidas a Timoteo y a Tito, que son cartas pastorales, porque Timoteo y Tito eran líderes y pastores. Pablo les envió esas cartas animándoles para que siguieran siempre adelante. Pero esta Carta a los Efesios tiene la finalidad de dejarle saber al pueblo de Dios cuál es su posición en Cristo.

En el capítulo 1 de Efesios se describen algunas razones por las cuales Dios nos escogió. La primera cosa que dice Efesios 1:3 es que la elección fue hecha por el Padre, la redención fue realizada por su Hijo y la seguridad dada por el Espíritu Santo. O sea, Dios nos escoge, él hace la elección. Entre millones de personas que tiene el mundo, Dios nos escoge a nosotros.

Ahora eres escogido, pero Cristo tiene que hacer un trabajo. Ilustremos: Estás caminando en el mundo, haciendo y deshaciendo; llevando una vida desastrosa, pero Dios te miró, dijo que le pertenecías y fue antes de la fundación del mundo. Dios dijo: "Ese es mío; ella es mía; él, es para mí, pues lo quiero; ese otro no se va a perder; esta es mía".

Luego Dios le dice a Jesús: "Ahora, vete Hijo mío y rescátalos". He aquí que el Padre escoge y el Hijo hace la redención. Pero como estamos en el mundo, donde hay ataques y luchas, es el Espíritu Santo quien nos da la seguridad de esa redención. El Espíritu Santo te redarguye, para que no te sueltes, no importa lo que venga, no importa lo que te hagan, la fuerza que tienes viene de la presencia del Espíritu Santo.

Es posible que sepas que eres escogido, pero los ataques que te vienen del diablo son muy duros, puesto que quiere hacerte olvidar que fuiste escogido. Allí es donde trabaja el Espíritu Santo para darte la seguridad, por lo que te dice: "Sigue adelante, yo estoy contigo, no tengas miedo". Aun cuando lloras en medio de los golpes que te da el enemigo, esas lágrimas producen sanidad en tu alma, porque esa es la misión del Espíritu Santo.

Lloras, pero no es necesariamente porque tengas un dolor, sino porque el Espíritu Santo se encarga de que esas lágrimas que se derraman vayan dejando sanidad en tu alma y en tu espíritu. Después que has llorado, te sientes liviano, tienes la fuerza de un búfalo para seguir adelante, porque lloraste en la presencia de Dios. Resultado: el Padre te escoge, el Hijo te redime y el Espíritu Santo te da la seguridad.

En el versículo 4 dice: "Según nos escogió en él antes de la fundación del mundo, para que fuéramos santos y sin mancha delante de él". Aquí aparece el primer propósito de la elección. Fuimos elegidos. Elegir, quiere decir por ejemplo: escoger una cosa entre varias de las que se me presentan. Yo escojo una, la primera, la última; he elegido, he escogido.

> **Nos preocupamos por tantas cosas en la vida, cuando ya Dios nos ha dado el reino.**

"Según nos escogió". Esto quiere decir que entre tantos millones de personas que hay en el mundo, si estás en Cristo no es una casualidad, no es nada fortuito; fue que Dios en Cristo te escogió, te eligió. Muy bien pudieses haber estado, como hay mucha gente, en la calle, perdido o tal vez en una prisión, o en un hospital, abandonado y sin esperanza. Pero a Dios le agradó elegirte, escogerte. Por eso es que estás aquí, porque has sido escogido. Este versículo dice: "según nos escogió en él". La palabra "él" es un pronombre que sustituye al nombre, por lo tanto él es Cristo: "según nos escogió en Cristo".

También resulta pertinente revisar el Evangelio de Lucas 12:32, donde dice: "No temáis, manada pequeña, porque a vuestro Padre le ha placido daros el reino". El Señor Jesús está sosteniendo una reunión con sus discípulos, solamente doce hombres, y les está explicando las reglas del reino.

Jesús sale de los cuarenta días de ayuno y entonces va por el mar de Galilea escogiendo gente, y cuando ya tiene doce les dice: "Ahora vamos al monte porque allá les explicaré en qué consiste esto". Sí, porque Moisés dijo: "Ojo por ojo y diente por diente", pero Cristo dice: "Si te dan en una mejilla ofrece la otra". Por tanto, las reglas de Jesús son nuevas. Son más duras y son nuevas. Jesús les dice: "Siéntense, ustedes tienen muchos años con las reglas de Moisés, pero ahora les voy a dar las mías". Eso ocurre en el Monte de los Olivos. Y, entre eso, Jesús les habló del afán y la ansiedad. En el sermón del afán y la ansiedad entra este versículo que dice: "No temáis manada pequeña porque a vuestro Padre le ha placido... le salió del corazón de Él, el Padre se sintió complacido de daros el reino".

A veces uno se prcocupa por tantas cosas en la vida, cuando ya Dios nos ha dado el reino. Jesús les dice a ellos: ustedes me van a seguir, van a salir a predicar; si, van a tener problemas, pero no tengan miedo, porque el Padre les ha entregado el reino. Ahora, el reino ¿no es más que un pedazo de pan? El reino ¿no es más que ropa o un apartamento? El reino ¿no es más que un par de zapatos? Entonces, ¿por qué temer si tienen lo principal?

Respecto de la expresión "manada pequeña", dicen algunos exegetas que es una expresión de cariño y afecto. Es como una madre que tiene un hijo que es mayor y ya tiene sus propios hijos, pero la madre aun le llama "bebé". Es una expresión de cariño. Esta frase "manada pequeña" es una expresión de cariño paterno. Algunos padres a sus hijos grandes les llaman "mi niño". Son frases de cariño. Ahora, Jesús les está llamando "manada pequeña" a estos doce hombres maduros, como una forma de cariño. Jesús les dice: No tengan miedo mis pequeños, ustedes van a ir a predicar, se encontrarán con situaciones, van a tener necesidades pero si el Padre les entregó el reino, significa que les puede entregar más cosas.

Ahora bien, la salvación, la vida eterna, el don del Espíritu Santo lo tenemos en vasos de barro. O sea, nosotros nos enfermamos, nos pasan cosas, nos suceden cosas, sin embargo en nosotros hay algo tan grande como el Espíritu Santo. Te lo pongo de otra manera, si el Espíritu Santo participa en la creación del cielo y de la tierra, si Él separa las aguas de las aguas, si separa las nubes para que se vea el sol, si es el que hace todo, pues entonces Él es lo más grande que pueda existir.

Y el Espíritu Santo no está en el aire sino dentro de nosotros, dentro de nuestros corazones. Está en nuestra vida, mora dentro de nuestro cuerpo. Pero acuérdate que está en un cuerpo humano que se enferma, que comete errores, que hace cosas incorrectas, que se puede morir físicamente; por consiguiente, el Espíritu Santo está en un vaso de barro.

En el campo en que crecí, en la República Dominicana, se cocinaba en ollas de barro. Recuerdo que sobre un fogón hecho de leña, se guisaban unas habichuelas riquísimas en una vasija de barro. Pero aunque las habichuelas eran ricas, esas vasijas podían romperse porque eran de barro. Lo mismo pasa con nosotros: tenemos el Espíritu Santo pero nos enfermamos, tenemos el Espíritu Santo pero nos podemos morir, tenemos el Espíritu Santo pero cometemos errores, tenemos el Espíritu Santo pero tenemos limitaciones. Nosotros somos la vasija de barro, pero el poder está dentro de nosotros. Ahora, la gran pregunta es: ¿quién es el que mantiene su poder dentro de nosotros, vasijas de barro, y cómo lo hace?

En la Segunda Carta a los Corintios, capítulo 4, versículo 7, el mismo apóstol Pablo explica: "Pero tenemos este tesoro en vasos de barro..." Entonces eso es lo que somos nosotros. Aunque veas a una persona muy elegante, usando un perfume caro, con muchas joyas y lujos, no dudes que son vasijas de barro. Una persona muy oronda y orgullosa, es una vasija de barro.

Ves a una persona que ora por los enfermos, que hace milagros y por medio de la cual Dios levanta a los muertos, alguien que les predica a muchas personas y salva muchas almas, que Dios lo usa poderosamente, simplemente es una vasija de barro. Ves a un pastor que dirige una iglesia de miles de personas, pero sigue siendo una vasija de barro. Lo grande es lo que está dentro de él, no él.

Sin embargo, ¿por qué Dios permite eso? El mismo versículo 7 lo aclara: *para que la excelencia del poder sea de Dios, y no de nosotros.* Tú no te puedes dar la gloria porque Dios te usó. Aunque oraste por un enfermo y se sano, u oraste por un muerto y resucitó, nunca puedes acreditarte la gloria; no porque prediques un mensaje y se conviertan muchas almas, te puedes atribuir el resultado. No se trata de ti, se trata de Él.

Es como un avión. Miles de toneladas volando en el aire. No libras, sino toneladas y cada tonelada son dos mil libras. Entonces son miles de miles de libras flotando. Uno puede decir que por más que sepa el hombre, hay un poder que mantiene esa inmensa máquina volando: la gloria es de Dios, porque es Dios quien le da al hombre la capacidad para descubrir la ley de la gravedad y para superarla con la ciencia. La sabiduría la da Dios. Lo mismo pasa con nosotros: tú logras algo grande, pero es Dios que te usa, no eres tú que te usas. Si no sientes así, entonces tienes un problema.

La Segunda Carta a los Corintios es una defensa del ministerio apostólico de Pablo. El apóstol escribió esta epístola para defenderse de las mismas personas que él se ganó para Cristo. Pablo les está explicando a ellos que lo que él o cualquiera tiene, no es para enorgullecerse, y que Dios es el que hace el milagro de mantener el equilibrio entre una persona que es una vasija de barro y el poder que está dentro de la persona.

El ser humano está hecho del polvo, del barro. Una persona puede estar viva ahora mismo y en un instante puede dejar de ser. Entonces, hay un equilibrio, Dios con su poder hace ese equilibrio. Se mete dentro de una persona y dice: "Este se puede morir en cualquier momento, pero yo estoy dentro de él. A este le puede pasar algo en cualquier momento, pero yo estoy dentro de él. Yo lo sostengo. Él va a hacer excelentes cosas, pero no será por sí mismo, sino Yo a través de él. Yo lo sostengo". Las personas se equivocan porque no saben que es el poder de Dios el que está dentro de ellas. El poder de la excelencia es de Él. Es un tonto el que crea que la excelencia y el poder es de él como humano y no de Dios.

Ahora bien, cuando se habla de ese tesoro, se habla de la revelación divina de Jesucristo que está dentro de una vasija de barro común. La razón por la cual Dios pone tan valioso tesoro dentro del hombre es para que pueda ser notorio que el poder del evangelio es de Dios y no del hombre. O sea, cuando tú lo miras dices: "No, no, solo

Dios puede hacer una cosa así, ningún ser humano podría hacer eso". Pero es una manera de Dios provocarnos a que le demos la gloria y la honra a Él.

> **Dios es el que hace el milagro de mantener el equilibrio entre una persona que es una vasija de barro y el poder que está dentro de la persona.**

Sin embargo, lo que se ha dicho, no es suficiente, para profundizar en el propósito que Dios tiene cuando nos elige, por ello, es preciso analizar el siguiente pasaje, Efcsios 2, versículos 1 al 10:

Y él os dio vida a vosotros, cuando estabais muertos en vuestros delitos y pecados, en los cuales anduvisteis en otro tiempo, siguiendo la corriente de este mundo, conforme al príncipe de la potestad del aire, el espíritu que ahora opera en los hijos de desobediencia, entre los cuales también todos nosotros vivimos en otro tiempo en los deseos de nuestra carne, haciendo la voluntad de la carne y de los pensamientos, y éramos por naturaleza hijos de ira, lo mismo que los demás. Pero Dios, que es rico en misericordia, por su gran amor con que nos amó, aun estando nosotros muertos en pecados, nos dio vida juntamente con Cristo (por gracia sois salvos), y juntamente con él nos resucitó, y asimismo nos hizo sentar en los lugares celestiales con Cristo Jesús, para mostrar en los siglos venideros las abundantes riquezas de su gracia en su bondad para con nosotros en Cristo Jesús. Porque por gracia sois salvos por medio de la fe; y esto no de vosotros, pues es don de Dios; no por obras, para que nadie se gloríe. Porque somos hechura suya, creados en Cristo Jesús para buenas obras, las cuales Dios preparó de antemano para que anduviésemos en ellas.

He resaltado hasta aquí que Dios nos escogió a través de Cristo y que tenía un propósito para escogernos. Prosiguiendo, tenemos que descubrir para qué nos escogió Dios, porque hay un propósito en esa escogencia. Al seguir leyendo, más adelante en el capítulo 2, versículo 10, el mismo apóstol Pablo explica que fuimos escogidos *porque somos hechura suya, creados en Cristo Jesús para buenas obras, las cuales Dios preparó de antemano para que anduviésemos en ellas.*

Antes hablé sobre Efesios 1, y mencioné los propósitos por los cuales fuimos elegidos o escogidos. También me referí a Lucas 12:32, que dice: "No temáis, manada pequeña, porque a vuestro Padre le ha placido daros el reino". Así mismo, hice alusión a que "tenemos este tesoro en vasos de barro para que la excelencia del poder sea de Dios y no de nosotros".

En estos versículos se establece que nosotros somos hechura de Dios. Algunos exégetas dicen que esta expresión "hechura de Dios" no se está refiriendo al aspecto físico, porque eso se sobreentiende. Este versículo cuando habla de que somos hechura de Dios se está refiriendo al aspecto espiritual de nosotros. Efectivamente, esto se puede ver en el capítulo 2 de

Efesios 8, que afirma: "Porque por gracia sois salvos por medio de la fe; y esto no de vosotros, pues es don de Dios".

La palabra don quiere decir regalo, dádiva, algo que se recibe sin merecerlo. Nosotros somos salvos, pero no es porque uno de nosotros quiso ser salvo. Hay personas que dicen: "Oh no, a mí nadie me predicó, yo mismo me convertí." ¿Y qué? Tal vez nadie te predicó, pero hubo alguien que se llama Espíritu Santo de Dios que te convenció de pecado y te hizo entender que necesitabas a Cristo.

Entonces sí, el Espíritu Santo es un don de Dios, porque a nadie se le da la capacidad personal como para decidir ser salvo o ser santo. Es el Espíritu Santo de Dios que redarguye la vida nuestra y hace un trabajo en nosotros, para convencernos de pecado y guiarnos a toda verdad y a toda justicia. Ahora, eso nos lleva a ser agradecidos porque uno dice: "Uao, si yo hoy no estoy en el mundo pecando es gracias a Dios. Si hoy estoy en una iglesia, es gracias a Dios. Si muchos de mis amigos y mis compañeros de camino, los muchachos que se criaron conmigo, muchos de ellos están muertos, otros están presos, otros están destruidos por los vicios y yo estoy en una iglesia sirviendo a Dios, buscando de Dios, es precisamente gracias a Dios.

Si puedo levantar mis manos y adorar, cantar, glorificar a Dios y sentir una paz inmensa en mi vida, es gracias a Dios. Porque, ¡quién iba a decir que yo estaría aquí siendo un miembro de esta iglesia!" Por eso es un don de Dios, un regalo de Dios. Más aun, dicen algunos que hasta el creerle a Dios es un don del propio Dios. Así también, la fe que tenemos en Dios, es Él quien la implanta en nosotros.

Pablo les dice a los romanos: "Nosotros amamos a Dios porque Él nos amó primero", ya que ni amar sabíamos... fue Dios quien nos enseñó a amar. El mismo amor de Dios engendra amor en nosotros y nos enseña el camino del amor. Así que la fe es por el oír, y el oír, por la palabra de Dios (Romanos 10:17). Aun la fe que tenemos, no la tenemos porque uno decidió: "Oh, a partir de mañana voy a tener fe". No sucede así, fue que oíste la Palabra y la Palabra tiene una semilla, tiene un poder tal, que cuando entra en el corazón de una persona se lo abre, y esa persona comienza a tener aunque sea una chispita de fe, porque la fe viene por el oír.

> **El alma es el dispositivo que nos pone en contacto con el mundo exterior. En última instancia, el cuerpo es el estuche.**

Entonces, cuando el versículo dice: "porque somos hechura de Dios", quiere decir que ya Dios nos creó y, como ya mencioné, no se refiere al cuerpo físico, sino a la parte espiritual nuestra. Dios fue quien nos creó por dentro. Dios fue quien puso el dispositivo para que nuestra fe tuviera cabida en nosotros.

Bien, ahora, ¿de qué es hecho el hombre? De tres cosas: espíritu, alma y cuerpo. El espíritu es el dispositivo donde Dios entra. El alma es el dispositivo que nos pone en contacto con el mundo exterior. En última instancia, el cuerpo es el estuche. Es como cuando compras una crema. Esa crema está dentro de un estuche, un envase, entonces el cuerpo es eso, el estuche que lleva adentro el alma y el espíritu.

Dios pone el alma para que con ella tú te comuniques, porque en el alma amas, odias, ves, escuchas, palpas y hueles; los cinco sentidos están en el alma. Pero el espíritu está reservado para Dios comunicarse, es decir, cuando Dios toma posesión de la vida de un hombre, entra al espíritu del hombre.

10 *Porque somos hechura suya, creados en Cristo Jesús para buenas obras, las cuales Dios preparó de antemano para que anduviésemos en ellas.* Nosotros tenemos el espíritu humano dentro de nosotros y ese espíritu humano Dios lo predispuso, lo preparó para cuando ese espíritu escuche algo relacionado con Dios, escuche la Palabra de Dios, se abra, sca scnsible a la voz del Espíritu de Dios, porque a través de ello es que Dios va a tomar posesión.

Dios pone su trono dentro de nuestros corazones en el espíritu que hay dentro de nosotros, por la razón de que Dios no es ni de carne, ni de hueso, ni de piedra, ni de madera, Dios es espíritu. Dios entra al espíritu nuestro y cuando está dentro de nuestro espíritu Él controla, Él guía, Él vive, Él nos bendice a través del espíritu nuestro. Dios preparó nuestro espíritu para morar en él.

10 *Porque somos hechura suya, creados en Cristo Jesús para buenas obras, las cuales Dios preparó de antemano para que anduviésemos en ellas.* El versículo sigue explicando el propósito por el cual Dios puso el espíritu dentro de nosotros y es ahí donde mucha gente se equivoca. Cuando es tu alma la que te gobierna, son tus cinco sentidos los que te están controlando, y cuando se habla de que tus cinco sentidos te controlan, quiere decir que tu carne es la que te está controlando.

Pero cuando es tu espíritu el que controla, es porque Dios se ha metido en tu espíritu y entonces eres controlado por Dios.

Dios nos creó espiritualmente con un propósito. Porque somos hechura suya, creados en Cristo. Antes de Cristo venir a la tierra, ya Dios tenía el plan a través de su Hijo; ya Dios había determinado qué haría con la raza humana. *Creados en Cristo Jesús para buenas obras*, esto quiere decir que se determinó cómo habrías de vivir siendo cristiano. No es que tú vas a salir a inventar o Dios va a inventar contigo, no. La palabra dice que desde antes, "para buenas obras". No somos salvos "por", sino "para". No somos salvos por obras sino para las obras.

En la antigua ley (en el Viejo Testamento) la gente tenía que hacer obras para poder obtener perdón, pero en la ley de Cristo no. Nosotros, después que tenemos a Cristo, hacemos obras y las hacemos buenas, porque ya hemos sido perdonados. En tal caso, tú lo único que tienes que hacer es arrepentirte, humillante, eso es todo; desde ahí viene el Espíritu Santo, toma control y ya comienzas una vida nueva.

Se espera que hagas buenas obras porque el Espíritu Santo está en tu espíritu. Por eso es que cuando amas a alguien, le das una moneda a alguien, ves una persona que necesita ayuda cruzando la calle y le ayudas a cruzar, no creas que hiciste una cosa del otro mundo, porque fuiste creado para eso. Tú respetas a tu jefe, a tus superiores, te llevas bien con los vecinos, amas a la gente, oras por la gente, pero no creas que Dios te va a mandar una cajita con un regalo diciendo: "Bien mi siervo", no, fue para eso que te salvo.

Hay personas que hacen una cosa y quieren aplausos por lo que hicieron, pero ¿para qué quieren que les den aplausos, si Dios les creó para eso? He ahí por qué no somos salvos por obras, sino por su gracia. Proféticamente ya eso se había concebido, porque en Salmos 102:18 dice: *Se escribirá esto para la generación venidera y el pueblo que está por nacer alabará a Jehová.* Quiere decir que antes que los gentiles nacieran, ya Dios había determinado que habría un pueblo que haría buenas obras.

Fuimos vistos con propósito, quiere decir que aun muchos profetas de la antigüedad miraban en visión y en sueños, veían a un pueblo, como dijo Isaías: *Llamaré a un pueblo que no es mi pueblo.* Es como cuando estás en la iglesia y dices: "Yo soy el único cristiano" no, hay mucha gente cristiana alrededor del mundo. Nosotros no somos los únicos, tú solamente conoces las cuatros calles que tiene tu comunidad, pero no eres el único... *Llamaré a un pueblo que no es mi pueblo.*

Cristo dijo: *No me elegisteis vosotros a mí, sino que yo os elegí a vosotros, y os he puesto para que vayáis y llevéis fruto, y vuestro fruto permanezca; para que todo lo que pidiereis al Padre en mi nombre, él os lo dé* (Juan 15:16). Nosotros no fuimos quienes dijimos: "Yo voy a escoger a alguien que se llama Jesucristo para que sea mi Salvador" no, al contrario, fue Cristo quien dijo: "Voy a escoger a alguien que se llama 'fulano', que se está perdiendo, y antes de que se lo lleve quien no lo trajo, lo voy a salvar".

No me elegisteis vosotros a mí, sino que yo os elegí a vosotros, y os he puesto, o sea, la elección tiene un propósito. Tenemos el propósito de vivir. Nuestro propósito es hacer el bien, porque a veces nos equivocamos de propósito. Dios te elige, Dios te escoge con un propósito, ¿para qué? *Para que vayáis y llevéis fruto, y vuestro fruto permanezca; para que todo lo que pidiereis al Padre en mi nombre, él os lo dé.*

| **Nuestro espíritu posee los elementos que requiere la ejecución de la obra de Dios.** |

Hay varias cosas que aquí se describen como propósito: número uno, para que se lleve fruto; número dos, para que el fruto permanezca; número tres, para que cuando ores tengas acceso a Dios. Nuestro espíritu posee los elementos que requiere la ejecución de la obra de Dios. Todo lo que nosotros necesitamos para ejecutar la obra de Dios en la tierra ya está plantado en el espíritu nuestro. Hay algunas cosas que uno necesita, esas las busca uno, sin embargo, hay otras que uno las necesita pero no las va a buscar, porque ya las tiene dentro.

¿Cuáles son las cosas que uno necesita y busca? Por ejemplo, el conocimiento. Uno estudia, uno lee, uno investiga porque la Biblia misma nos manda a estudiar, a leer e investigar: *Escudriñadlo todo y retened lo bueno.* Pero hay cosas que uno necesita, y ya Dios las puso dentro de nosotros. ¿Cuáles son?

Esas cosas que Dios puso dentro de nosotros son: la voluntad, para que tengamos las ganas; la gallardía, el coraje de orar, de buscar su rostro, la palabra; todo eso está dentro de nosotros, nadie tiene que obligarnos a hacerlo, nosotros sabemos que es nuestra responsabilidad. Ya Dios nos las puso, no hay que decir: "Mira, quiero leer la Biblia", simplemente te compras una Biblia, o entras al Internet y lees los capítulos que quieras.

Parafraseando, este versículo dice: Nuestro espíritu posee los elementos para la ejecución de la obra de Dios. Porque cuando leemos Efesios 2:10 dice: *fuimos creados para toda buena obra*. Es probable que digas: "Oh pastor, pero yo soy muy malo y he cometido muchos errores, no puedo hacer buenas obras". Hermano, lo único que tienes que hacer es dar un giro de 180 grados, porque estás yendo por una vía equivocada. ¿Te diste cuenta que estás mal? Entonces, devuélvete, toma otro rumbo, se acabó... Porque ya Dios puso en ti lo necesario para hacer las buenas obras, que tú decidas hacerlas es una cosa, pero ya tú las tienes dentro.

El segundo punto sobre este tema es el siguiente: Dios propicia las condiciones para que las ejecutemos. Dicho de otro modo, tú no sabes si tienes el don de sanidad divina, pero estás donde hay alguien enfermo, oras por él y te darás cuenta si tienes el don de sanidad divina. Cuantas veces ores por un enfermo, tú no sanas a nadie; el que sana es Dios. Oras y mientras más oras por los enfermos, ejercitas tu fe orando por ellos, y descubres que tienes el don de sanidad divina. "Oh, oré por aquel y sanó". "Ah, oré por aquella, por el otro y sanaron; he orado por diez personas y se han sanado. Oh, tengo el don de sanidad divina". ¿Por qué razón tengo el don de sanidad divina? Porque Dios propicia las condiciones.

¿Qué significa propiciar? Dios prepara el ambiente para que lo que está dentro de ti se desarrolle. A ti te corresponde hacer que cada momento que Dios te prepara, lo aproveches; echa mano de ello. Si es para aconsejar a alguien, te darás cuenta que tienes el don de aconsejar. Te acercas a alguien, le das un consejo, entonces vez que esa persona crece, es bendecido, es más santo y está haciendo las cosas correctas porque te escuchó.

Precisamente porque te escuchó ha cambiado, su vida ha prosperado, su economía ha prosperado, su familia ha prosperado, está echando para adelante... eso quiere decir que tienes un don de exhortación, de consejería. Ni tú mismo lo sabías, se presentó una necesidad y tú, por primera vez y confiando en el Señor, te lanzaste, lo hiciste y descubriste que lo tenías. "Ah, mira fulano vino a donde mí hace tres años, me habló, lo escuché, lo guié, lo aconsejé y mira cómo Dios lo ha bendecido. Gracias Señor, ahora sé que me usas aconsejando". Dios propicia, Dios prepara el ambiente, el terreno; prepara el momento que ni estabas esperando, pero Dios te lo tenía preparado.

Concluyo con esto: Así es que si alguno se limpia de estas cosas será instrumento para honra, santificado, útil al Señor, dispuesto para toda buena obra. De la única manera en la cual Dios te puede usar es si estás limpio. Si no lo estás, no te va a usar porque Dios no usa personas que no estén limpias. Aunque veas que algunos hacen milagros y prodigios, pero están llevando una vida mal delante de Dios, no te confundas con eso, porque es posible que estén deshonrando la Palabra de Él. Dios nos creó para hacer buenas obras y nos dará el lugar donde haremos, ejecutaremos y realizaremos esas buenas obras.

4
Nadie detiene el plan de Dios para ti

La realidad es que nadie puede detener el plan de Dios con nosotros. Quiero que aprendas la actitud que debes adoptar cuando desconoces lo que nos depara el futuro. Si te dejas guiar por lo que aquí vas a aprender y lo practicas, experimentarás los beneficios a tu favor, al término de cada año. Solo recibe esta enseñanza y aplícala a tu vida.

Consideremos ahora la porción bíblica de Jeremías 29:4-11:

Así ha dicho Jehová de los ejércitos, Dios de Israel, a todos los de la cautividad que hice transportar de Jerusalén a Babilonia: Edificad casas, y habitadlas; y plantad huertos, y comed del fruto de ellos. Casaos, y engendrad hijos e hijas; dad mujeres a vuestros hijos, y dad maridos a vuestras hijas, para que tengan hijos e hijas; y multiplicaos ahí, y no os disminuyáis. Y procurad la paz de la ciudad a la cual os hice transportar, y rogad por ella a Jehová; porque en su paz tendréis vosotros paz. Porque así ha dicho Jehová de los ejércitos, Dios de Israel: No os engañen vuestros profetas que están entre vosotros, ni vuestros adivinos; ni atendáis a los sueños que soñáis. Porque falsamente os profetizan ellos en mi nombre; no los envié, ha dicho Jehová. Porque así dijo Jehová: Cuando en Babilonia se cumplan los setenta años, yo os visitaré, y despertaré sobre vosotros mi buena palabra, para haceros volver a este lugar. Porque yo sé los pensamientos que tengo acerca de vosotros, dice Jehová, pensamientos de paz, y no de mal, para daros el fin que esperáis.

Podemos apoyarnos en esta palabra de Jeremías y arrancar con fuerzas, sin detenernos, identificando cuáles son nuestras necesidades, y nuestras metas. Podemos apropiarnos de todas las bendiciones que Dios quiere darnos, sabiendo que sus misericordias son nuevas cada día y que Dios solamente quiere lo mejor para nosotros. Nuestra confianza está en Dios. Cuando hacemos planes y los ejecutamos con su respaldo y su instrucción, el triunfo está garantizado.

Hay personas que se sientan a llorar y a lamentarse todo el tiempo. Luego que termina un año, lo evalúan como pésimo y dicen que "fue un año malo." Y lo repiten año tras año porque no hacen nada para generar un resultado diferente. No es que sea ni bueno ni malo, porque eres tú —con tus actitudes y esfuerzos— el que determina cómo será el año y tu vida en general. Según te conduzcas, así será el resultado; todo depende de lo que hagas o dejes de hacer. Eso es lo que te dice este pasaje bíblico.

Al analizar el contexto histórico de los versículos citados, vemos que están basados en una situación que se generó a partir de una desobediencia. Lo explico: El pueblo judío fue invadido por el rey de Babilonia llamado Nabucodonosor. Era un monarca terrible, férreo, temible, que dominó prácticamente el mundo antiguo, a través de sus conquistas.

> **Eres tú —con tus actitudes y esfuerzos— el que determina cómo será el año y tu vida en general. Según te conduzcas, así será el resultado; todo depende de lo que hagas o dejes de hacer.**

Antes de que el imperio de Babilonia invadiera a Israel, Dios le dijo al profeta Jeremías: *Haz una carta y envíala a ellos diciéndoles que construyan casas, que se casen, que críen a sus hijos, que sus hijos también se casen; porque ellos no van a salir de esa tierra en mucho tiempo.* Sin embargo, el pueblo pedía que apresaran a Jeremías; y así lo hicieron, lo amenazaron de muerte, lo arrojaron en una cisterna y lo acusaron de ser un falso profeta, porque decía que era la voluntad de Dios que el pueblo se dejara llevar cautivo a Babilonia, sin mostrar resistencia. Eso era muy común en la vida del profeta: el maltrato, el castigo, el sufrimiento, la persecución, por comunicarle al pueblo (y al rey principalmente) el mensaje que no querían oír de parte de Dios.

Dios le decía a su pueblo: "Ustedes no saben lo que pienso darles". Era necesario que el pueblo siguiera las instrucciones porque Dios siempre sabe lo que hace y por qué lo hace. Nosotros no somos nadie para cuestionarle. Jeremías les aconsejó que se rindieran ante el rey de Babilonia y que se fueran tranquilos al exilio. Les dijo además que una vez llegaran allá, iban a permanecer en ese territorio extranjero hasta que se cumplieran setenta años.

Entonces comentaban entre ellos: "Si este hombre es un profeta y dice que es un mensaje de Dios el que nos está dando, ¿cómo es posible que nos aconseje que nos vayamos a esa tierra extraña por setenta años y que habitemos tranquilos allá durante todo ese tiempo?" Ellos se cuestionaban y como no entendían nada, no aceptaban el mensaje de Dios, eran tercos.

La explicación a esta situación es que el razonamiento de Dios es diferente al del ser humano. Ellos querían que Dios pensara con la lógica humana; pero es bueno saber que muchas de las órdenes que Dios nos da, parecen no tener sentido, pero las debemos seguir por obediencia. La vida de un ser humano se hace más difícil si la persona es terca, porque no entiende, ni acepta el plan y el propósito de Dios para su vida.

Nabucodonosor invadió a Jerusalén porque ese era el plan de Dios, y además se llevó a la crema y nata del pueblo de Dios a Babilonia. Se llevó a los ingenieros, a los artistas, a toda la gente de alcurnia, a los intelectuales. Entre ellos estaban Ezequiel y Daniel. Si observas eso desde tu perspectiva, resulta aterrador que te saquen de tu pueblo a la fuerza. Eso fue lo que hizo Nabucodonosor con el pueblo de Israel.

Todos los que fueron exiliados iban inseguros y tristes, estaban muy preocupados y se preguntaban:

¿Cómo es posible que Dios permita que un idólatra como Nabucodonosor venga e invada nuestra tierra? Dios, en su infinita misericordia, los entendía y quería complacerles, pero necesitaba darles una lección. Fue por eso que permitió y quiso que pasaran por esa experiencia, para corregir y castigar a Israel por su idolatría, porque por muchos años ese pueblo se apartó de Dios y anduvo tras de ídolos.

Así que Dios le preguntó al pueblo de Israel: "¿Para dónde van?" Y ellos le contestaron: "Para Babilonia, tú nos permites que vayamos para que seamos esclavos". Entonces el Señor les dio instrucciones: "Cuando lleguen allá compren tierra, compren casas, construyan, cásense, casen a sus hijos, a sus hijas, hagan negocios, porque no van a salir de allá hasta que no paguen el último cuadrante". Cuando dice la palabra: "Porque yo sé los pensamientos que tengo acerca de vosotros", Dios está diciendo que tiene un plan para ellos. Su pueblo iba como esclavo hacia Babilonia, sin embargo, Dios los quería bendecir en el exilio.

Ahora bien, Dios aun a lo negativo le saca beneficio. El pueblo de Israel había olvidado lo que le dijo Jehová a Josué: *Yo os he entregado, como lo había dicho a Moisés, todo lugar que pisare la planta de vuestro pie* (Josué 1:3). Tomemos en cuenta, por ejemplo, que los judíos que viven en Nueva York son prácticamente los dueños de esa ciudad, aunque su corazón esté en Jerusalén. Donde ellos llegan construyen edificios, escuelas, casas, establecen negocios que generan empleos. Además, son los dueños del negocio de diamantes, con una presencia comercial impresionante en el bajo Manhattan de la misma ciudad de Nueva York.

Hermano mío, si ves el mensaje de Dios con claridad, has de notar que aun en la corrección Dios te enriquece, fortalece y engrandece. Y dondequiera que llegas, aunque sea un terreno estéril, cuando lo pisas, inmediatamente ese territorio se activa en el mundo espiritual. Tu presencia le inyecta vida. Algo tienes que plantar, tienes que dejar una semilla en ese terreno. Algo va a nacer de tu presencia en ese lugar, porque Dios va contigo dondequiera que vayas y, cuando Él te envía, siempre te respalda.

> **Aun en la corrección Dios te enriquece, fortalece y engrandece. Y dondequiera que llegas, aunque sea un terreno estéril, cuando lo pisas, inmediatamente ese territorio se activa en el mundo espiritual.**

"¿Por qué?, Dios, ¿Por qué?", se podrían cuestionar los israelitas al ser exiliados a Babilonia, como muchos a veces le preguntan a Dios: "Señor, ¿por qué me pasa esto? O una de las preguntas más patéticas y comunes: "Señor, ¿por qué a mí?" Hay personas que se pasan toda la vida cuestionando de esta manera. Todo aquel que le está preguntando a Dios por qué, es bueno que sepa que Dios no le va a dar la respuesta hasta que se humille. La razón es que Dios no le satisface caprichos a nadie. Ese no es su rol.

En otro momento de la historia, Dios permitió que Jerusalén fuera invadida. En aquella oportunidad, le tocó el turno al Imperio Grecorromano. Su plan consistía en facilitar que el pueblo de Israel se nutriera de la vasta cultura griega, que estaba tan adelantada en las ciencias. Cuando Israel fue invadido por el Imperio Romano, Dios permitió que se estableciera un legado de carreteras, acueductos, poderío militar y que el pueblo aprendiera a organizarse. Que los israelitas aprendiera cosas nuevas, que se educaran. Cada vez que una nación poderosa invade a otra, trae consigo su cultura y la grecorromana era bastante avanzada en ese período histórico.

Israel estaba conformado por un grupito de gentes nómadas que sabían poco de ciencias, pero al ser invadidos primero por los griegos y luego por los romanos, Israel se benefició de toda esa influencia. Es que el plan de Dios era utilizar a la nación de Israel para invadir al mundo con el evangelio. De esa manera, Israel se enriqueció con la influencia cultural de naciones más desarrolladas. Había sus peligros, había sus riesgos, pero eso era lo que Dios quería para que aprendieran a ser fieles a través de la prueba.

Muchos de nosotros, inmigrantes hispanos, estamos en los Estados Unidos por nuestra propia voluntad, porque queremos estar aquí; nadie nos ha forzado a permanecer en esta gran urbe. No estamos aquí en calidad de presos, ni esclavos, ni mucho menos de exiliados. No es lo mismo estar en los Estados Unidos de América por decisión propia, que estar en este país porque hayan invadido tu pueblo y te traigan para acá, y te pongan a trabajar de manera obligatoria, cuando tu deseo es estar en tu patria.

Cuando los del pueblo de Dios estaban en territorio extranjero, les pasó lo mismo que a cualquier inmigrante residiendo fuera de su país de origen. La nostalgia, el tener que pasar por un proceso de adaptación y asimilación cultural para poder encajar en una sociedad distinta, aprender otro idioma para estar en capacidad de comunicarse, otras costumbres, la dieta, el sistema de valores éticos y estéticos, el estar pendiente de los parientes y amistades que se quedaron atrás. ¡Cuánto estrés! ¡Cuánta angustia!

Basta imaginarse cómo se sentía aquel pueblo en una tierra extrajera y en contra de su voluntad. El salmista dice que estando allá en Babilonia se les pidió que cantaran y ellos decían: "¿Cómo cantaremos cántico de Jehová en tierra de extraños?" (Salmos 137:4). Muchos de los que tocaban arpa y cantaban en Israel, ya hasta habían colgado sus arpas y sus instrumentos. La tristeza había invadido sus corazones porque estaban en ese lugar en contra de su voluntad. Ellos hacían planes; estaban como los presos que comienzan a mirar los barrotes de la cárcel y a pensar por dónde van a escapar. Probablemente analizaban distintas estrategias para liberarse, pero era necesario que pasaran por ese proceso.

Jeremías les aconsejó, de parte de Dios, que se rindieran ante el rey de Babilonia y que se fueran tranquilos al exilio. Les dijo, además, que una vez llegaran allá, iban a permanecer en ese territorio extranjero hasta que se cumplieran setenta años. Entonces comentaban entre sí: "Si este hombre es un profeta de Dios y dice que es un mensaje de Dios el que nos está dando, ¿cómo es posible que nos aconseje que nos vayamos a esa tierra extraña por setenta años y que habitemos tranquilos allá durante todo ese tiempo?" Ellos se cuestionaban y, como no lo entendían, no aceptaban el mensaje de Dios, eran tercos.

> **El razonamiento de Dios es diferente al del ser humano.**

Cuando el ser humano es testarudo, no ve el lado positivo a las cosas que Dios le presenta, solamente ve lo negativo. La terquedad es lo mismo que dureza de corazón, a lo cual en la Biblia también se le llama "duro de cerviz". Cuando Dios te está presentando un plan, un proyecto, una forma, una vía y no lo comprendes, te pones a luchar contra Él. Eso se llama rebeldía. Un ejemplo de ello es Job, que trataba de justificarse a sí mismo y no aceptaba para nada la prueba que Dios le mandó.

Job se consideraba muy justo en su propia opinión y pensaba que Dios no le podía tocar su vida. Pero no es así, Dios es nuestro creador y tiene toda autoridad de hacer con nuestras vidas como le plazca y nadie, absolutamente nadie, puede cambiar su voluntad, ni evitar que una situación ocurra como Él lo ha determinado.

En Jeremías 29:7 dice: *Y procurad la paz de la ciudad a la cual os hice transportar, y rogad por ella a Jehová; porque en su paz tendréis vosotros paz.* En la paz de esa nación (que en ese caso era Babilonia), ellos también tendrían paz. Esto quiere decir que lo que tú siembres de enero a noviembre, es lo que vas a cosechar en diciembre. Si en el año siembras discordia y conflictos, lo mismo vas a cosechar al final y luego vas a decir, el 31 de diciembre, que pasaste un año bien difícil, muy malo... pero eso sembraste y no puedes culpar a Dios, ni a nadie por el resultado.

Lo que quiero significar con esto es que si sembramos peras, no vamos a cosechar manzanas. Es bueno saber que cuando estás en territorio extranjero, lo bueno o malo que allí acontezca, te va a afectar a ti también. Por eso es que el Señor les decía a los israelitas que procuraran la paz en Babilonia. El mensaje es para cualquier inmigrante.

Es bueno declarar la paz de la nación donde vivimos, bendecir a sus gobernantes, a sus líderes, así como a toda persona que esté en posición de eminencia. Si hay prosperidad allí, también te va llegar. Si eres inmigrante y maldices la nación donde te ha tocado vivir, esa maldición también te va afectar a ti, a los tuyos y hasta a tus futuras generaciones.

En Jeremías 29:11, Dios dice: *Porque yo sé los pensamientos que tengo acerca de vosotros, dice Jehová, pensamientos de paz, y no de mal, para daros el fin que esperáis.* Dios tiene un pensamiento en su mente acerca de cada uno de nosotros. Ahora mismo Dios está pensando en ti. ¿Te puedes imaginar que tengas pensamientos negativos acerca de ti mismo mientras Dios, en el cielo, está pensando cosas buenas de ti? Dios está pensando que va a bendecirte, te va a ayudar, va a tocar el corazón de tu jefe para que te dé un aumento. Además, te guarda de enfermedades a ti y a tu familia. Dios y solo Él conoce nuestros corazones y tiene lo mejor para nosotros: durante este año, en el próximo y por siempre.

El apóstol Pablo nos exhorta en Romanos 8:27: *Mas el que escudriña los corazones sabe cuál es la intención del Espíritu, porque conforme a la voluntad de Dios intercede por los santos.* Dios conoce los corazones y nuestras necesidades también. Sabe quién tú eres y los procesos que debes pasar hasta llevarte a la dimensión que ha designado para ti. Dios hace planes en cuanto al modo de satisfacer tus necesidades.

En este capítulo 8 de la Carta a los Romanos, el apóstol Pablo comienza diciendo: *Mas el que escudriña...* Escudriñar quiere decir "el que hurga, el que penetra, el que pone la lupa, el que investiga a fondo, el que se adentra hasta lo más profundo de nuestra conciencia y nuestro corazón". Entonces, Dios es quien sabe qué hay ahí dentro; Él sabe todo de ti y diseña planes para ti.

Volviendo al libro de Jeremías, el pueblo permanece en Babilonia preocupado y desesperado, preguntándose cuánto tiempo estarán ahí y cuándo se acabará todo eso. Pero Dios les dice: "Tranquilos, porque yo sé los pensamientos que tengo para con vosotros". Cuando Dios tiene propósito para tu vida, te pueden llevar al infierno mismo a vivir y hasta allí Dios manda ángeles a que te pongan un sistema de aire acondicionado.

Un buen ejemplo de esta experiencia en el exilio es la vida del profeta Daniel. Nabucodonosor se llevó al pueblo judío como esclavo a Babilonia, pero Daniel escaló posición gradualmente, ganándose la confianza del rey, hasta ocupar el puesto de príncipe. Daniel fue a vivir en el palacio del rey, con el propósito de que toda la realeza de ese vasto imperio fuera testigo de la gloria de Dios y que pudieran comparar la grandeza de un Dios viviente, con las limitaciones de los dioses muertos a quienes ellos adoraban y servían. ¡Daniel estaba lleno del poder, la autoridad y la unción del Dios de Israel!

No importa dónde estés ni dónde llegues, si Dios está contigo. Si Dios te envía, te respalda. Esta declaración es especialmente significativa para los inmigrantes cristianos de esta época. Es probable que no te encuentres viviendo en Babilonia, pero resides en una nación extranjera. Si es así, aprópiate de esta palabra. Piensa que Dios te ha llevado al país donde estás y es para representarlo a Él. Su propósito es que entres a habitar en "Canaán" y que la poseas, que conquistes tu pedazo de heredad. No importa si te mandan a vivir en la boca del lobo porque... ¿sabes quién se pone en la puerta de la boca del lobo?... ¡el León de la tribu de Judá! Dios le dice al pueblo de Israel que se vayan tranquilos, porque Él sabe lo que tiene en Su corazón para ellos.

El pensamiento de Dios es darte un final que glorifique Su nombre. Dios tiene en su mente que cuando termines tu proceso, todo lo que te pasó lo glorifique a Él. Que cuando termines la carrera que estás corriendo, que lo que te haya sucedido a ti, aunque en tu opinión haya sido todo malo, terrible, aun así, a Él le des gloria y la honra.

Dios ama no solamente al pueblo de Israel, sino también a los gentiles. *Sus misericordias son infinitas y nuevas cada día* (Lamentaciones 3:23). Jehová se me manifestó hace ya mucho tiempo, diciendo: *Con amor eterno te he amado; por tanto, te prolongué mi misericordia* (Jeremías 31:3). Amor eterno quiere decir que Dios te amó desde antes de que nacieras; aun más, te amó desde antes de la fundación del mundo, porque desde entonces estás en su mente.

Por eso, si te mantienes en la voluntad de Dios, aun después que te vayas de esta tierra, Dios te seguirá amando. Las obras buenas que hayas hecho en la tierra, seguirán contigo. Al que le hayas tendido la mano, al que le hayas predicado, las almas que te ganaste para Cristo, los líderes que formaste, todo es parte de la historia que estás escribiendo y que da frutos de generación en generación. Aun hayamos muerto, nuestras obras siguen vivas.

Este versículo dice: *Con amor eterno te he amado.* Dios le está diciendo esto a su pueblo que se iba al exilio en Babilonia, en calidad de esclavos. En otras palabras Dios les dijo: "Pueblo mío, aunque tú te vayas, y aunque yo permito tu exilio, y que te pase lo que te va a pasar, te sigo amando, porque mi amor por ti es eterno y comenzó desde antes de que creara al mundo o a ti, desde entonces ya yo te amaba".

Lo que Dios piensa de nosotros es más elevado y superior que lo que pensamos nosotros mismos. Todos nosotros deseamos poseer cosas buenas, que nos pasen buenas experiencias, pero Dios desea darnos de todo lo excelente, lo mejor; porque la mente de Dios es superior a la nuestra.

> *Porque mis pensamientos no son vuestros pensamientos, ni vuestros caminos mis caminos, dijo Jehová. Como son más altos los cielos que la tierra, así son mis caminos más altos que vuestros caminos, y mis pensamientos más que vuestros pensamientos (Isaías 55:8-9).*

Somos especiales para Dios y, por lo tanto, Él no tiene nada malo que ofrecernos. Puede ser que nos venga una prueba. Dios permite las pruebas en nuestras vidas, para que al final de ellas, luego que hayamos vencido, podamos escalar un nivel o dimensión más alto. Somos capa- ces de crecer espiritualmente, lo cual es posible a través de una constante y permanente búsqueda de su presencia; pero son las pruebas las que nos forman como verdaderos cristianos y nos enseñan a depender totalmente de Dios.

> **Lo que Dios piensa de nosotros es más elevado y superior que lo que pensamos nosotros mismos.**

En Jeremías 29:11 leemos: *Porque yo sé los pensamientos que tengo acerca de vosotros, dice Jehová, pensamientos de paz, y no de mal, para daros el fin que esperáis.* Dios nos deja saber a través de esta poderosa palabra que tiene un pensamiento para nosotros, que en su mente hay buenos propósitos que aún desconocemos. Y cuando las cosas muchas veces se perfilan negativas, caminamos por fe, con la certeza de que hay un mañana mejor; solamente hay que disponerse a rendirse y a humillarse delante de su presencia.

Si parafraseamos lo que Dios nos dice en Isaías 55:8, 9 diría algo así: "Mis planes y mis pensamientos no son como los de ustedes, sino que son superiores". ¿Qué estará pensando Dios acerca de mí para este año? No esperes nada malo de parte de Él. Su trato para con nosotros es inexplicable. Los seres humanos somos la corona de su creación.

A todas las cosas Dios las hizo con palabras, pero a nosotros nos hizo con sus manos. Aun la vida que tienen los animales procede de Él. Adán recibió aliento de vida cuando Dios sopló en su nariz. Es maravilloso saber que tenemos parte de su vida dentro de nosotros. Sin su aliento seríamos un pedazo de barro inanimado o polvo de la tierra.

Muchas personas se sienten inseguras con relación a su futuro por muchas cosas negativas que les están pasando, pero tienen que estar tranquilas... porque Dios tiene el control de todas ellas. Hay una expresión común que dice: "¿Has visto lo alto que está el cielo de la tierra? Esta expresión, en sentido figurado, significa que nunca vas a llegar a pensar a la altura que piensa Dios.

Los pensamientos de Dios son más altos que los nuestros. Por eso es que cuando Él te dice: "Ven por aquí" y tú te vas por ahí en obediencia (aunque la mayoría de las veces ni entiendes por qué) las cosas te salen bien, porque has confiado en Él y te mueves por fe, pese a que no entiendes su plan. Así como Dios tiene pensamientos y buenos deseos para contigo, no es sorprendente que te exija cosas, porque su relación es de doble vía.

Desconocemos lo que ha de acontecer en nuestras vidas; sin embargo, si nos enfocamos en nuestro desarrollo integral buscando más de su presencia, si conocemos lo que Dios espera de nosotros y depositamos toda nuestra confianza en Él, cuando dejamos que nos tome en sus manos, el Señor nos muestra los propósitos por los cuales luchamos y vivimos, y nos guía hasta alcanzar las metas que nos proponemos.

En el libro de Miqueas 6:8, Dios dice: *Oh hombre, él te ha declarado lo que es bueno, y qué pide Jehová de ti: solamente hacer justicia, y amar misericordia, y humillarte ante tu Dios.* Tres cosas pide Dios de parte de nosotros: primero, hacer justicia; segundo, amar misericordia; y tercero, que nos humillemos ante Él. Si quieres que Dios piense en ti y en tu familia, que tenga en su mente tus finanzas, tu salud, tus anhelos, debes cumplir con esos requerimientos. Dios solamente nos pide tres cosas, pero a cambio nos ofrece muchas. No hay comparación entre lo que exige de nosotros con lo que nos ofrece.

Lo que Dios nos da es para beneficiarnos a nosotros, porque Él no necesita nada; al contrario, nosotros necesitamos todo de Él. Por eso es sorprendente que solo pida tres cosas, cuando Él da todo lo que uno quiera. Algunas de las cosas que Dios espera de nosotros son las siguientes:

• Primero: Que hagas justicia. Eso significa que hagas las cosas correctas, que no te confabules con el que hace iniquidad.

• Segundo: Que tengas misericordia. Acuérdate que necesitas que Dios tenga misericordia de ti. Para alcanzar la misericordia de Dios debemos tener misericordia del prójimo, porque si Dios es compasivo con nosotros, asimismo espera que nosotros seamos con nuestros semejantes. El Señor también nos ofrece su ayuda, estar con nosotros, bendecirnos, sanarnos, guiarnos por medio de su Santo Espíritu, suplir todas nuestras necesidades y darnos salvación eterna.

• Tercero: Que te humilles delante de Él. Eso es si quieres mantener a Dios siempre pendiente de ti. La Palabra de Dios dice en Lucas 14:11 y Mateo 23:12: *El que se humilla será ensalzado y el que se ensalza será humillado.* Mientras más nos humillamos, más irá en aumento nuestro crecimiento espiritual y más grande se hace la gloria de Dios en nuestras vidas. Dios mira al orgulloso y arrogante de lejos. La humildad es lo opuesto a la soberbia u orgullo. El mejor ejemplo de humildad lo tenemos en Jesucristo, el cual se despojó de su trono de rey para venir a este mundo a dar su vida por toda la humanidad ¡y a servirnos!

Ahora bien, ¿Por qué Dios solamente pide tres cosas y nos da todo cuanto le pedimos?

• Número uno: Porque sabe que somos humanos y que no tenemos la capacidad para darle todo lo que Él nos exija.

• Número dos: Porque nosotros no tenemos nada que dar. Si algo tenemos es porque Él lo ha provisto.

• Número tres: Lo que nosotros podríamos darle a Él solamente sería lo que glorifique su nombre.

Todo hombre ha pasado en alguna etapa de su vida por la siguiente experiencia: Cuando se enamora, no se le quita esa persona de la mente. Hasta cuando cierra los ojos, la ve; se está bebiendo un plato de sopa, y ahí en la sopa está ella. De la misma manera, si quieres que Dios te tenga siempre presente, debes tener misericordia, amar justicia y humillarte delante de Él.

Entendemos que Dios conoce nuestros corazones. Él siempre quiere y tiene lo mejor para cada uno de nosotros, tal como lo dice en Romanos 8:27: *Mas el que escudriña los corazones sabe cuál es la intención del Espíritu, porque conforme a la voluntad de Dios intercede por los santos.* Eso quiere decir que en nosotros hay algunas inquietudes e intenciones que solamente el Espíritu Santo conoce. Él es poderoso para escudriñar lo más profundo de nuestro interior. Es un gran privilegio contar con su presencia y su poder en nuestras vidas.

El Espíritu Santo conoce los secretos del cielo; también conoce a Dios (porque es el Espíritu de Dios), y a la misma vez escudriña qué hay en el interior del hombre, pues una de sus misiones en la tierra es revelar a Cristo. Él vive en ti y en mí. ¡Qué ventaja la que tenemos los cristianos, los que le servimos al Señor! El Espíritu Santo sabe lo que necesitamos y es por eso que tiene un pensamiento para cada uno, como quedó mencionado al analizar, unas cuantas frases atrás, la porción del contenido de Jeremías 29:11.

Por todo lo hasta aquí expuesto, se puede deducir que no hay lugar para que el diablo engañe a un cristiano. Es bueno saber que a nosotros nos pasa solamente lo que Dios permite que nos pase. El diablo no puede engañar a un cristiano que tiene una estrecha relación con Dios. Yo pretendo inculcarles a ustedes, queridos lectores, cómo tener seguridad en Dios: Manténganse firmes, en fidelidad, cerca de Dios y en comunión con Él y verán que la victoria es de ustedes.

Volvamos al texto de Jeremías 29:11 y esta vez vamos a enfatizar la última parte del versículo 11, que dice: *Para daros el fin que esperáis.* En otras palabras nos quiere decir: "Para darte el final que esperas". Entiendo que hay un final en el cual nosotros colaboramos con Dios. Viene bien, ahora, una anécdota sobre un hombre que planificó su vida y hasta su muerte de tal manera, que pensó hasta en la ropa que iba a llevar puesto en el ataúd, y cuáles de sus amigos iban a estar presentes.

Amado lector, cuál sería tu respuesta si te preguntara ahora mismo: ¿Qué es lo que esperas para el 31 de diciembre de este año? ¿Eres tú de los que se sientan a espera que las cosas caigan al azar? Si cayó en el Norte está bien y si cayó al Sur, también está bien... ¿O eres de los que se ponen en las manos de Dios y presentan a Él sus peticiones porque está bien definido lo que quieren? Es importante que contestes a esta pregunta, porque te dará una idea de qué tan enfocado estás con relación a tu futuro, a tus metas a corto y largo plazo, y hasta qué punto has involucrado a Dios para que te ayude a alcanzar esas metas.

Es bueno que sepas que el pensamiento de Dios es darte un final que glorifique su nombre. O sea, si te mantienes en Dios, es decir, si sigues firme en tu carrera, no vas a terminar en derrota, porque tu derrota "no" va a glorificar a Dios. La derrota de un hijo "no" glorifica a su padre en nada y Él es nuestro Padre celestial. Es tu victoria, es tu éxito, son tus triunfos los que van a glorificar a Dios. Porque aun los incrédulos tendrán que reconocer que solamente Él te ayudó a alcanzar un final feliz.

> **Si te mantienes en Dios, si sigues firme en tu carrera, no vas a terminar en derrota, porque la derrota de un hijo no glorifica a su padre en nada y Él es nuestro Padre celestial.**

En Isaías 55:8, 9 dice lo siguiente: *Porque mis pensamientos no son vuestros pensamientos, ni vuestros caminos mis caminos.* Como son más altos los cielos que la tierra, así son mis caminos más altos que vuestros caminos, y mis pensamientos más que vuestros pensamientos. Lo que Dios piensa acerca de nosotros es más elevado que la opinión que tenemos de nosotros mismos. A veces somos más implacables que el propio Dios. Él nos perdona y jamás se acuerda de nuestros pecados; sin embargo, algunas personas continúan llevando una vida de culpabilidad innecesaria, aun después que Dios las perdona.

Dios tiene una mente infinita. Nunca va a pensar al nivel del ser humano. Su capacidad mental es inconmensurablemente superior a la nuestra. En otras palabras, lo que tú piensas de ti y lo que tú quieres para ti, es inferior a lo que Dios quiere darte. Por eso es que la Biblia dice en Efesios 3:20, que Dios da "más abundantemente de lo que pedimos y entendemos". Cuando le presentas tu petición al Señor, Él tiene algo mejor que lo que estás pidiendo.

Jeremías 29:12, 13 dice: *Entonces me invocaréis, y vendréis y oraréis a mí, y yo os oiré; y me buscaréis y me hallaréis, porque me buscaréis de todo vuestro corazón.* En estos versículos Dios hablaba a su pueblo judío, ya que algunos de ellos se encontraban exiliados en Babilonia; pero nosotros, pueblo injertado, que también hemos creído en Él, nos apropiamos de esas promesas.

Hay cosas que Dios quiere que las pasemos; otras, Él mismo las permite; y otras tantas son necesarias. Hay experiencias que cuando el individuo las supera, no vuelve a ser el mismo. Lo cambian por completo. Hay otras experiencias tan amargas que pulen nuestro carácter. Hay unas que nos refinan como personas y hasta nos llevan a un nivel superior. Aunque sean duras, aunque sean amargas, son necesarias. Hay experiencias que corrigen defectos en nosotros.

Hay situaciones y experiencias por las cuales pasamos en esta vida, que nos moldean el carácter; hay que vivirlas, porque si no, ¿sabes lo que va a suceder? Vamos a seguir siendo engreídos, malcriados, desobedientes, orgullosos, vanidosos y vamos a mantenernos de espaldas a Dios. Pero, por ejemplo, cuando tienes una experiencia terrible que te humilla, te hace llorar, te hace arrepentirte y pedir perdón, entonces aprendes a buscar a Dios de todo corazón.

Es más, me atrevo a asegurar que ustedes (amigos y hermanos lectores) se encuentran en determinado nivel por las experiencias que han vivido. Fue necesario que vertieran lágrimas, que pasaran por el dolor. De no haber sido así, hoy no estuvieran en el nivel donde están. Sé también que muchos de ustedes conocen personas que han estado huyéndole a situaciones o experiencias que Dios quiere que vivan. Hoy día están atrasados, no han crecido espiritualmente, no han aprendido nada, están en la misma condición de años atrás.

A veces es bueno pasar por situaciones que nos sacan lágrimas. Es como si las lágrimas que derramamos nos sanaran por dentro; ellas nos marcan, ya que jamás podemos olvidarlas y ellas mismas se convierten en nuestro norte, en una señal.

Dios, que es omnisciente, que todo lo sabe, les dijo: "Esta es la medicina que yo tengo para ustedes, de esta manera es que los voy a sanar". O sea, cuando vas al médico, no te da la medicina que tú le pides, te da la que va a sanarte. Así, lo primero que encontramos es que este pueblo sale hacia Babilonia todo inseguro, triste. Quiero decirte que toda prueba tiene un tiempo para terminar.

Dios no te va a dejar en esa condición, ni te va a desamparar en el proceso. Podrías preguntar: Pero, ¿cuándo va a ser el final de esta prueba, pastor? Mi respuesta para ti sería: "Yo no sé cuándo". Lo importante no es lo que va a durar, sino que te mantengas firme mientras la tempestad esté pasando. Que Dios esté a tu lado, te ayude, bendiga y te cuide, que tú no le falles, que no desmayes.

Aquí lo importante no es el tiempo, sino la obra que el Espíritu Santo va a operar en tu vida mientras dure la prueba. ¿De qué te vale saber si es dentro de un año? Mientras pasa el tiempo, estarás deseoso de que esa prueba termine. Vas a aprender de ella. Te tienes que humillar, buscar más de la presencia de Dios. Si no lo haces, ¿sabes lo que sucederá? Al final de la misma seguirás igual, no aprenderás nada durante el proceso... si eso ocurre, es porque no maduraste. Después de esa prueba, prepárate para otra más fuerte, hasta que aprendas. La cuestión no es el tiempo que haya transcurrido, sino tu humillación durante el proceso.

En Jeremías 29:12 el Señor le dice a su pueblo: *Entonces me invocaréis, y vendréis y oraréis a mí, y yo os oiré.* ¿Qué quiso decir el Señor con esto? Hay varias maneras de entenderlo. Una de ellas es que, si se humillaban, y aceptaban la voluntad de Dios, serían prósperos dondequiera que llegasen.

Sabemos que hay gente que viene de sus países de origen a Nueva York, por voluntad propia, con la mentalidad de que en esta ciudad los dólares se recogen en las calles y que caminando con la cabeza gacha los van a encontrar por montones. Pero cuando llegan aquí, se tropiezan con la realidad de que no es así y se dan cuenta de que en los Estados Unidos de América se trabaja sin descanso y hay que esforzarse mucho para ganarse un salario digno.

Hay muchas personas viviendo actualmente en esta nación que están peor económica y espiritualmente que cuando vivían en sus países de origen. Tienen una miseria espantosa, que las moscas casi se posan sobre ellos. La explicación es que no se ponen en la brecha con Dios, no buscan su voluntad, no dejan que Él sea su Señor, no tienen ninguna meta en su corazón, no dejan que Dios les guíe.

Lo contrario a lo descrito sería que si Dios permite la prueba, aunque vivas en el mismo infierno, si te mudas allá, ¿sabes lo que Dios hace?... te pone un sistema de aire acondicionado para que refresque con aire frío solamente donde estés tú. Mientras que los demás están quemándose y gritando desesperados por el dolor y el tormento, tú ni te inmutas, porque Dios te protege, y te da regocijo en medio de esa prueba, para que sientas que, aun en el infierno, Él está contigo y tiene todo bajo control.

Al final de Jeremías 29:11, 12, Dios dice a su pueblo Israel: *Para darte el fin que tú esperas, entonces tú me invocarás y yo vendré, y tú vendrás y orarás a mí, y yo oiré tu oración.* ¿Cómo es posible que esta gente esté llorando porque van como esclavos hacia Babilonia?, si Dios está diciendo: "Váyanse tranquilos porque yo tengo un pensamiento para ustedes, tengo un propósito al llevarlos allá. Primero, van para allá porque van a pisar ese lugar y se van a adueñar de él. Ustedes van a tener casas, hijos, negocios y dinero. Cuando salgan de allá, serán enriquecidos".

Nótese que dondequiera que llega un judío, se enriquece. Fueron a Babilonia como esclavos, pero con todo y eso Dios les dijo que aun allí iban a estar bien. Dios les dice algo más: "Allá tú me buscarás y me encontrarás, y lo harás porque vas a orar". Hay dos cosas que se hacen cuando se está en la voluntad de Dios:

PRIMERO. Orar. Tu oración estará cargada de contrición, de humillación. Y la primera tierra que tiene que sanarse es tu corazón, para luego recibir los frutos que implanta el Espíritu Santo en ti. Hay cosas que estás pasando que no las entiendes. Te hacen llorar, te causan tristeza, no te agradan, pero Dios permite que las pases para renovarte. Al término del proceso estarás más fuerte, serás más productivo, habrá más frutos del Espíritu Santo en tu vida. Como parte del proceso que pasaste, tuviste que humillarte, bajaste tu rostro y tu corazón ante el Señor, descendiste hasta lo sumo y reconociste tu baja condición... por tanto, Dios comienza a restaurar tu vida, trayendo sanidad a tu tierra y a tu corazón.

Entiendes que estamos hechos de polvo, ¿verdad? Dios sana tu vida, tu corazón, tu tierra, tus finanzas. Si lo único que produces es cinco dólares, empiezas a notar que, de forma milagrosa, ese poco dinerito te rinde más en las compras y hasta te sobra. Es porque Dios sana tus finanzas y también tus emociones. Vivías amargado, atribulado, acongojado y de pronto sucede que un halo de alegría y de victoria se apodera de tu vida, y te pones más fuerte que un león; sientes que nada ni nadie te puede vencer. Es porque Dios sana tu vida, tu corazón, salva tu alma, sana tu cuerpo. Cuando te humillas, te arrepientes, aceptas su voluntad, lo buscas con todo tu corazón y te doblegas ante su presencia, Él sana todo tu entorno y tu interior.

SEGUNDO: Puedes lograr todo en la vida: aquello que anhelas y que le has pedido tanto al Señor, y que parece imposible. Déjame decirte que sí lo puedes conseguir, si eres sincero con Dios. *Y me buscaréis y me hallaréis*, declara Jeremías 29:13. ¿Sabes por qué? Porque me buscaréis de todo vuestro corazón. Este versículo me ministró de manera personal cuando lo leí. Es que Dios te confronta y te lleva a un punto en el que tienes que reconocer que Él es soberano y todopoderoso. Tú no puedes justificarte, ni mucho menos presentarte ante Él con hipocresía. Tienes que venir desnudo ante su presencia, tal cual eres. ¿Por qué? Porque el Espíritu Santo conoce los secretos de Dios y también los tuyos. Así que, tu alma y tu corazón están desnudos delante de Dios. Es necesario que Él vea lo más íntimo de tu vida.

Aquí tienes que aprender algo, porque hay veces que la hipocresía es tan grande que la gente va de rodillas delante de Dios y le cuenta "verdades a medias", no son sinceros. A Dios hay que decírselo todo, aunque ya Él lo sabe de antemano. Tenemos que humillarnos. Tenemos que pedirle perdón a diario, porque a veces pecamos de manera consciente e inconsciente y el Espíritu Santo de Dios es muy sensible. Cuéntale todo a Él, de buena voluntad, con sinceridad, sin reservas.

Hay personas que están orando: "Señor, tú conoces mi condición". Eso no es lo que Dios quiere que le digas. Eso es hipocresía. Tienes que ser más específico y decirle cuál es la condición, qué hiciste mal, lo cual requiere su perdón. Tu sinceridad debe reflejarse en tu oración. Te voy a ilustrar con un ejemplo: Te diriges a Dios de esta manera: "Señor, tú sabes que ayer tuve una ira tan grande que mandé a (fulano) al infierno, y yo sé que hice mal". Le dejas saber a Dios que hiciste mal y cuál es el área en tu vida donde necesitas sanidad.

Es importante que abras tu corazón y le cuentes todo. Solo entonces se aplica lo que dice en Jeremías 29:13: *Y me buscaréis y me hallaréis, y vendréis y orareis a mí, y yo oiré.* ¿Cuándo encuentra una persona a Dios?, cuando lo busca de todo corazón. ¿Perdón? Sí, si confiesa con sinceridad sus faltas. ¿Bendición? Sí, si le pide con fe. ¿Prosperidad? Sí, cuando se entrega a Dios incondicionalmente...

Dios le dice a este pueblo que va al exilio en Babilonia: "Cuando lleguen allá, me van a buscar de todo corazón; mientras estaban acá en Israel no me buscaban con sinceridad, eran unos hipócritas. Ahora bien, la prueba que voy a permitir que pasen allá en Babilonia, los va a humillar de tal manera que me van a buscar de todo corazón".

Ahora entendemos mejor por qué Dios permite que nos pasen ciertas cosas. Por eso es que en nuestros momentos de angustia levantamos las manos y decimos: "No sé por qué", aunque a veces uno sí sabe la razón. Tenemos que decirle a Dios que aceptamos su voluntad y nos sometemos a ella. Si afirmamos que aceptamos su voluntad, ya Dios está generando algo. Porque el mismo

Dios es el que produce en nosotros el querer como el hacer, si lo buscamos con sinceridad.

Sin embargo, hay muchos que no aprenden a buscar a Dios, hasta que Él los pasa por una prueba dolorosa. Si alguien me preguntara: "Pastor, ¿y cómo es que una persona comienza a buscar a Dios de todo corazón?" Yo les respondería: Cuando está pasando por una experiencia difícil, desagradable, pero que está enmarcada dentro del propósito y la voluntad de Dios. Si eres sabio, naturalmente desarrollas un mecanismo para allegarte al Padre; pero también, si eres humilde.

Además, desarrollas un mecanismo de sostenimiento, lo cual quiere decir, por ejemplo, que si nunca orabas, entonces a partir de ese momento comienzas a hacer una vida de oración. Si antes de la prueba te pasabas varias horas mirando la televisión, ahora nadie te ve frente a un televisor: a esa hora estás de rodillas orando.

Sabes bien que cuando estás pasando por una prueba difícil, si no oras, no vas a tener la fortaleza que se requiere para aguantar hasta el final. Por tanto, te mantienes ahí buscando la presencia de Dios y creas el hábito, la costumbre de orar a determinada hora del día o de la noche. Lo otro es que dices: "A partir de ahora, un día a la semana voy a ayunar". No importa dónde te encuentres, te pueden brindar el manjar más exquisito y tú dices: "No, no, gracias, no quiero". Si la gente te pregunta: "Pero, ¿por qué?", vuelves a responder: "No, no, no quiero". Por supuesto, si es un cristiano como tú que te insiste en que comas, le dices: "No, no, hermano, lo que pasa es que estoy ayunando, hoy estoy consagrado a la oración, estoy ayunando".

Sin embargo, como el que no es cristiano, no sabe que la experiencia que estás pasando es la que te creó el hábito de sacar un día para ayunar durante la semana, le explicas si lo crees conveniente. Finalmente, entendiste que de la única manera que podías sobrevivir y mantenerte frente a ese ataque, frente a esa experiencia tan terrible, era ayunando. Entonces, ¿qué se ganó con esa experiencia? Ahora tienes los hábitos de orar y de ayunar que antes no tenías. Dale gracias a Dios por su sabiduría. Dile: Tú sabes cómo humillarnos y cómo levantarnos. Sabes cómo bendecirnos, sabes cómo guiarnos. Sabes cómo despertarnos y cómo ayudarnos.

¡Qué tremendo es nuestro Dios! ¡Qué manera tan preciosa tiene para tratar con nosotros! Aun cuando no entendemos, lo que necesitamos es obedecer su Palabra. Porque la mente de Dios nadie la puede entender. Y, ¿quién podría imaginarse que de una deportación, de un destierro a Babilonia, podría sacarse algo bueno? El mundo pensaría que todo sería tristeza, fracaso y lágrimas. Pero aun en el destierro, Dios tenía algo precioso que enseñarles a sus hijos.

La mayoría de nosotros somos inmigrantes, nacimos en otros países. Hemos venido de la manera que Dios lo permitió. Y acá, en los Estados Unidos, ¡cuántas cosas bellas ha hecho Dios con nosotros! Muchos han conocido al Señor en esta nación. Muchos han tenido que llegar hasta aquí para tener experiencias extraordinarias. Pudieron haberlas tenido en otro sitio, pero Dios quiso que las tuvieran acá.

A veces añoramos nuestro terruño. Sentimos nostalgia por nuestro pedacito de tierra, porque no importa dónde estemos, lo llevamos en nuestro corazón. Pero aquí, Dios nos ha enseñado tantas cosas grandes, tantas cosas maravillosas. Y muchos podemos decir: "Gracias, Dios, porque me permitiste llegar a los Estados Unidos de América, porque aquí he echado raíces profundas en tu camino. Le damos gracias a Dios por eso. Y si tú también eres inmigrante en esta tierra, dale gracias a Dios. Te aseguro que Él te trajo hasta aquí con un propósito. Empieza a conquistar el pedazo de Canaán que Dios ha separado para ti en esta nación.

5
La soberana e inquebrantable voluntad de Dios

Eclesiastés, capítulo 11, versículo 6 afirma: *Por la mañana siembra tu semilla, y en la tarde no dejes reposar tu mano; porque no sabes cuál es lo mejor, si esto o aquello, o si lo uno y lo otro es igualmente bueno.*

Si puedes entender lo que Dios quiere para tu vida, tu enfoque deberá ser diferente al comenzar un nuevo año. O sea, al ser el comienzo de un nuevo año, hay que ir mirándolo desde otro ángulo, desde otra perspectiva; ir enfocándose; no mirando el año nuevo solamente, sino insertándose en él. Cuando digo insertar, significa ubicándose en este año. No vivir, ni manejar el nuevo año con las mismas cosas y de la misma manera que se hizo en el año anterior. Enfocarse desde otro ángulo.

Hay una profecía que aparece en el libro de Isaías, capítulo 61: *A proclamar el año de la buena voluntad de Jehová, y el día de venganza del Dios nuestro; a consolar a todos los enlutados.* Esta profecía tenía parte de su cumplimiento en el presente de Isaías y luego en el tiempo de Cristo. Estando Cristo en Nazaret, abrió el rollo de las Escrituras que le entregó el ministro en la sinagoga y cuando leyó, lo hizo en este pasaje de Isaías y habló sobre eso. Pero la aplicación final de este versículo es escatológica, porque es para el tiempo del milenio.

Dios tiene las ganas, la buena voluntad y el deseo de que seas sano en enero, en febrero, en marzo, abril, mayo, en junio; y cuando el verano está en su máximo clímax, Dios todavía sigue con la voluntad de que estés bien, bendecido y sano en esos días calurosos entre junio, julio y agosto. Cuando llega el otoño, que las hojas comienzan a caer, Dios sigue estando deseoso, alegre, determinado a que estés bien, que todo te vaya bien y que estés bendecido. Dios quiere que estés bien los doce meses del año.

Cuando analizamos el versículo que dice: *y a proclamar el año de la buena voluntad de Jehová y el día de venganza del Dios nuestro...* hay una guerra que Dios va a pelear por ti. Y *a consolar a los enlutados.* Si hay una tristeza que llevaste el año anterior, durante este año todo va a depender de ti, si quieres seguir cargando con ella. Hay personas que están enajenadas, atrofiadas y que los problemas del año pasado los cargan para el nuevo, como si nada. Las mismas amarguras, las mismas tristezas, las mismas quejas vuelven y las repiten. Hay otros que no hacen un alto, no detienen las cosas malas.

Así como en el milenio se van a detener los relojes y el calendario, porque lo que va a entrar en vigor es el calendario de Dios con los judíos, Dios va a encerrar al diablo en una cueva (dice la Biblia que Dios atará al diablo por mil años), y entonces establecerá su reino milenario en la tierra. Eso es lo que tienes que hacer en este año con todas tus amarguras, todas tus tristezas y todas tus angustias. Tienes que decirles: "Deténganse ahí que para el año que pasó fue suficiente, voy a estrenar un año nuevo, así que; tristezas, amarguras, lágrimas, quédense allá".

Dios tiene las ganas, el deseo, la soberana e inquebrantable voluntad de bendecirte. Soberana porque le sale a Dios de adentro, de lo más profundo; e inquebrantable, porque nadie lo puede detener. Muchas veces nosotros tenemos como una especie de patología o algo así, que se convierte como en una enfermedad, tan fuerte que nos amargamos, nos entristecemos. Muchas personas pasan veinte años en una Iglesia y todo ese tiempo están quejándose; hay otros de quienes ya Dios está cansado de escuchar sus quejas.

Hay tres expresiones que aparecen aquí: buena voluntad, año agradable y tiempo aceptable. Cuando Lucas escribe acerca de Isaías y del rollo que leyó Jesús en Nazaret, le llama año agradable; pero Lucas está escribiendo acerca de lo que dijo Isaías cientos de años antes del nacimiento de Cristo.

¡Este es un año atractivo para los hijos de Dios, por todo lo que trae consigo! Pero cuando Pablo escribe la Segunda Carta a los Corintios, menciona el tiempo aceptable, dice que todo lo que ofrece Dios con la manifestación del Mesías, es para disfrute de los que le sirven, y se está refiriendo a la misma cosa.

Año de la buena voluntad; voluntad es ganas. Dios tiene las buenas ganas de que estés feliz, de que estés contento, de que todo te vaya bien, de que seas libre, de que no estés enlutados. Cuando la palabra declara:

el día de venganza del Dios nuestro, quiere decir que el que se enfrenta contigo va a tener que enfrentarse con Dios; que el que te haga algo va a tener que pelear con Dios; en otras palabras, es a Dios a quien va a tener que hacerle frente.

Año de venganza. En tu nuevo año Dios va a tomar la justicia en sus propias manos. Dios es justo. Él va a pelear por ti y dirá: "No te entristezcas por lo que te hicieron, porque hay alguien que apareció para pelear tu batalla", eso es lo que quiere decir esta frase. Dios te está diciendo que no aceptes tristeza, ni amargura por alguien que te insultó, por alguien que murmuró de ti, por alguien que te empujó, por alguien que habló mal de ti. No dejes que eso te quite el gozo, no dejes que eso te impida disfrutar este nuevo año. Si algo te hicieron, déjalo atrás que de eso se encarga Dios. De lo que te hicieron y de lo que tú hiciste se encarga Dios; no traigas nada viejo a tu año nuevo.

Año en el que Dios va a tomar venganza. Esta es una profecía escatológica porque tiene una aplicación en el presente de Isaías, en el presente de Cristo, en el presente nuestro y en el milenio. Porque primero lo dijo Isaías; y cuando Jesús lo leyó dijo que en ese momento se cumplía en Él; y luego, Pablo se la escribe a los corintios y lo menciona como que es parte del tiempo de él mismo.

Por tanto, podemos decir que es en nuestro tiempo también, porque es una profecía. Eso significa que hay un marco en el espacio y en el tiempo donde Dios dice: "Este es mi año para con ustedes". Y no solamente eso, sino que es año para que te quites el saco, el silicio que tienes encima.

En la antigüedad, las personas se echaban encima tierra y ceniza cuando estaban de luto, pero tú tienes que hacer como David después que el niño murió: Salir del luto. David pensó: ¿Para qué llorar?, se sacudió, se quitó la ropa de luto y de silicio, se bañó, se puso ropa nueva, limpia y dijo que le trajeran comida. Dios quiere que te quites la ropa de luto, te sacudas el polvo de encima, que te des un buen baño, que te pongas una ropa limpia y que te sirvas un buen plato de comida. ¡Quiere que celebres la liberación de Cristo en tu vida!

Año agradable. Porque a Dios le agrada, Dios se goza. Es como leer el capítulo tres de Mateo: *Este es mi hijo amado, en quien tengo complacencia*. A Dios le complace que dentro de tu cabeza esté que Él se siente contento en bendecirte, en darte. A Dios le gusta darte salud, a Dios le gusta darte dinero, le gusta darte ropa y zapatos. A Dios le encanta darte libertad espiritual, que no te falte comida, que tengas el dinero para la renta; a Dios le agrada darte todo eso.

Año agradable. Setenta años permaneció el pueblo judío en Babilonia. A los 70 años Dios dijo: "Es hora, mi pueblo, sal de la esclavitud en Babilonia y vuelve a tu tierra". Liberación, jubileo, gozo, celebración porque ya se terminó. Tienes que decir: "Diablo, se acabó la amargura, se acabó la tristeza, se acabó la congoja. Con mi conciencia y mi corazón no vas a jugar más, yo le he creído a un Cristo vivo".

No dejes que el diablo juegue con tu mente, con tu conciencia. Si has creído en Cristo y te has apartado del pecado, celebra a Cristo. Si luchaste con problemas el año pasado, en este nuevo año no vas a volver a recoger los mismos problemas para seguir cargando con ellos. Tienes que ponerle un alto, tienes que renovarte en tu espíritu y en tu mente (como dice el apóstol: *No os conforméis a este siglo, sino transformaos por medio de la renovación de vuestro entendimiento, para que comprobéis cuál sea la buena voluntad de Dios, agradable y perfecta;* Romanos 12:2) tienes que darle lugar al Espíritu Santo para que cambie tu manera de pensar.

Todo don perfecto y toda buena dádiva vienen del Padre de las luces, viene de arriba. Todo lo bueno viene del cielo, viene de Dios. Dios es la fuente de toda bondad porque Él es amor, es misericordioso, bondadoso, y esos solamente son algunos de sus atributos. Todo lo bueno viene de Dios. De Dios no viene nada malo. Dios no es una fuente que da dos tipos de agua. Dios no puede dar cosas buenas y cosas malas, o sea maldición, tragedia y bendición, no, o te da bendición o te da maldición.

Dios es fuente de bendición, por lo tanto, tienes que pensar en eso para disfrutarlo y vivirlo. Cada vez que te venga uno de esos recuerdos del pasado tienes que rechazarlo y no dejarlo entrar. A eso le llaman año agradable, año en el que Dios se agrada, tiempo aceptable, porque Dios te recibe no importa tu condición. Cuando te llegas a Él, te limpia con su sangre, perdona tus pecados, entonces pasas a ser su hija o hijo. Tu relación con Dios pasa a ser una de padre e hijo, de hijo con padre. Jesús dijo: ¿Qué padre de vosotros si su hijo le pide un pan le da una piedra, o si su hijo le pide un pez le da una serpiente?, y si eso son ustedes que son perversos, cuánto más mi Padre que está en los cielos no os dará lo que le pidiereis". Eso habla de la bondad divina.

Sin embargo, también quiero hablarles acerca de la oportunidad única que Dios nos brinda al comenzar un nuevo año. Dios nos da una oportunidad y es para que sembremos muchas cosas. Se supone que al final de este año debes tener varias canastas llenas de todo lo que cosechaste, porque sembraste. Hay personas que a la última hora quieren actuar y dicen: "Ay, Dios mío, ¿qué hago? ¡Oh, Señor, cómo he vivido!

¡Qué he hecho! ¿A quién le doy? ¿Dónde siembro?" Pero "ya es tarde para ablandar fríjoles", como reza un dicho popular.

Eclesiastés 11:6 indica: *Por la mañana siembra tu semilla, y a la tarde no dejes reposar tu mano; porque no sabes cuál es lo mejor, si esto o aquello, o si lo uno y lo otro es igualmente bueno.* Por la mañana quiere decir al comienzo del año. Tú te das cuenta cuándo sembrar, analizando qué cosechaste el año anterior. Porque lo que cosechaste al final de un año te dice qué fue lo que sembraste al principio de ese mismo lapso: lo que hay en tu casa, lo que tienes.

El profeta Eliseo le preguntó a la mujer: *¿Qué tienes en tu casa?* y la mujer le respondió que no tenía nada, solamente un poquito de aceite. El profeta enseguida le dijo: *Encuentra vasijas, no pocas.* La mujer tenía un poquito de aceite. ¿Qué tienes tú? ¿Qué sembraste el año pasado que todavía te quedan reservas para cosechar al final del año? Este mensaje es para reflexionar, para que pienses qué tienes tú.

La vida de un cristiano, de un hijo de Dios, es como cuando el sol sale y va subiendo y subiendo hasta que el día es perfecto. Todo el que tiene eso dice: "Yo no estoy conforme como estoy, o con lo que tengo. Tengo que crecer desde aquí, aquí no me puedo quedar, a mí no me va a pasar lo mismo del año pasado. No voy a tropezar con las mismas piedras. No voy a cometer los mismos errores, este año será diferente".

> **En el reino de Dios debemos ser los actores y ser protagonistas de la obra que Dios va a hacer en el mundo.**

La materia prima para crear el cuerpo de los humanos fue polvo de la tierra, pero para Dios hacer cosas grandes, durante este año la materia prima serás tú, porque va a hacer cosas grandes contigo. En el reino de Dios debemos ser los actores, ser protagonistas de la obra que Dios va a hacer en el mundo. Aquí tienes que tomar parte activa, Él te creó para eso; porque hay personas que se pasan doce meses del año sentados en un templo, y están como los fanáticos de cualquier deporte que se sientan a ver el juego. Aquí no, tú no puedes sentarte a ver el juego porque Dios cuenta contigo en este año.

Tu nuevo año comienza "por la mañana", porque el día empieza por la mañana. Entonces por la mañana, siembra. Siembra buena voluntad, siembra buenas intenciones, siembra amor, afecto, siembra bendición. Échales bendiciones a todas las personas, no importa que sean malas, no importa cómo vivan, bendícelas. Qué de tu boca no salga una maldición para nadie. Siembra, pero siembra bueno porque vas a cosechar de lo que siembres.

Comenzando desde la mañana empieza echándoles bendiciones a todo el mundo y ayuda a cuántas personas se presenten en tu camino, porque te aseguro que en unos meses tus manos serán pequeñas para cargar las bendiciones que Dios te va a dar. No importa lo que te hayan hecho, bendícelos. "Señor, bendícelos, ellos te necesitan, ayúdalos Señor". No lo digas por hipocresía, o porque el pastor te lo dijo, dilo porque es una orden de Dios.

Cuando Salomón le dedicó a Dios el templo que construyó, Dios se le apareció. Este hombre tuvo el privilegio de poseer todas las riquezas, toda la sabiduría, toda la sapiencia del mundo. La Biblia dice que no hubo hombre con la sabiduría de Salomón. Pero después vivió bajo, por el piso, porque también cayó.

Salomón fue un hombre que tuvo todas las épocas. Tuvo el privilegio de ser hijo del dulce cantor de Israel, del rey David. Heredó el trono. Cuando muchos estuvieron detrás del trono, Dios se lo entregó a él. Salomón empezó a escribir y quienes se dedicaron a formar la Biblia, el Canon, incluyeron las escrituras de Salomón en el sagrado libro.

Salomón escribe en Eclesiastés 11:6 y dice: *Por la mañana siembra tu semilla*, no la ajena sino la tuya. Hay personas que quieren hacer cosas con los recursos de otros; hay personas que quieren recostarse en las fuerzas de otros. Usa de lo que Dios te ha dado, usa lo que sale de tus entrañas, de lo que el Espíritu Santo ha depositado en tu cabeza: siembra.

Por la mañana siembra cariño, siembra amor, siembra afecto, siembra dinero. La Biblia dice que lo que el hombre sembrare eso cosechará. ¿Quieres tener dinero?, siembra dinero. La ley de la siembra y la cosecha es real: "Lo que el hombre sembrare, eso cosechará". Esta ley va con tu tiempo, con tu vida, con tu familia, con tus finanzas, con tu afecto. Lo que tú siembres eso cosecharás. Si te pones a hablar, a chismear, a criticar, a murmurar y a condenar, vas a sentir amargura y frustración, te vas a atrasar y no vas a sentir amor en tu corazón.

Hay personas a las que les falta amor. Lo que siembran es chismes, contienda; están mirando la falla de otros para criticar y murmurar; viven frustrados. La vida no te da otra cosa, la vida te da de lo que tú le das a la vida, es una ley natural. No puedes esperar que la vida te tire flores cuando tú le has tirado piedras. Hay personas que se la pasan tirándole piedras a otros, criticando y murmurando de otros, y cuando llega el 31 de diciembre tienen un dolor en su corazón, porque durante casi los 12 meses del año se la pasaron metidos en problemas, y metiendo a otros. Esas personas solo obtuvieron fracasos, guerras, pleitos. Pero este año es tu año.

Siembra temprano, ¡comienza a sembrar ya! "Por la mañana siembra la tuya..." no te estés fijando si otro no sembró, siembra tu semilla. Nunca se me olvida el relato de un chino que sembró maíz de la mejor calidad y, mientras trabajaba en su campo, vio que su vecino sembraba maíz también, pero de calidad muy inferior. Así que pensó: "Cuando nazca el maíz de mi vecino y sople la brisa, va a traer las semillas de ese maíz de baja calidad a mi terreno y me va a arruinar mi terreno". Entonces le dijo a su vecino que no siguiera sembrando de ese maíz, porque él le iba a dar del bueno, el de mejor calidad, para que cuando soplara la brisa, no contaminara su terreno con semillas malas. Hay personas que cuando ven al otro en las malas, se ríen y critican, pero no saben que el mal que le está pasando a otro, es un presagio del mal que le va a venir a ellos.

Tienes que disponerte a no reírte del mal de nadie. A quien veas mal, extiéndele tu mano, ayúdalo a seguir adelante, bendice al que necesita, siembra por la mañana. Empieza a orar por las personas, empieza a bendecir a la gente, comienza a hacer planes de ayuno y de oración. Comienza a sembrar, todavía es de mañana, lo vas a necesitar. Cuando vengan los tiempos duros y difíciles, tendrás curso para seguir hacia adelante. Dios te llama a que siembres. Eclesiastés 11: 6 dice: *Por la mañana siembra tu semilla, y a la tarde no dejes reposar tu mano...*

Hay algunas personas que hacen una cosa buena y después dicen: "Ya cumplí", y piensan que ahí se termina todo. "Hermano, necesito que hagas esto, esto y lo otro". "No pastor, esta mañana estuve en la iglesia y ayudé a limpiar". No importa si ya hiciste algo, si hay que hacer algo más, pues hazlo. "No, porque ya yo le prediqué a un alma y ahora me voy a acostar", no. La Biblia dice que hay que ser diligentes.

Hiciste algo por la mañana, pues en la tarde vuelve y haz algo más. Eso te está diciendo que no descanses, te dice que cuando estás joven debes ahorrar dinero y cuando ya tengas 35 o 40 años no lo malgastes, sigue ahorrando. Eso también quiere decir que si le haces un bien a alguien hoy, hazlo; pero si necesita de nuevo, hazlo otra vez. Si ofrendaste hoy, muy bien; pero si mañana se necesita, vuelve y da otra ofrenda.

No pocos se echan para atrás porque argumentan que ya lo hicieron, que le toca a otro, pero no debe ser así. El apóstol Pablo, en Gálatas, dice: *No nos cansemos de hacer el bien porque a su tiempo segaremos si no desmayamos.* Un gran número de evangélicos viven al garete, con el agua al cuello, con hambre, con necesidades; siempre están apurados, porque creen que si hicieron algo hoy ya no se necesitará mañana. Pero cada día hay que vivirlo como si fuera nuevo, cada día hay que hacerlo como si nada hubiésemos hecho ayer.

Así es que se vive la vida cristiana. Si practicas la justicia y haces lo bueno y un día te pones a pecar solamente porque ya hiciste lo bueno, no te vale. O sea, si sembraste hoy, siembra mañana. Si te pasaste toda tu juventud trabajando y ahora que tienes cuarenta y cinco años dices: "Oh, ya me voy a sentar", no, sigue trabajando... Si enviaste una ofrenda para el campo misionero, no digas que ya has enviado mucho. Prepárate para que envíes a otro lugar que Dios quiere que des porque para eso es que Dios te da. Dios te provee y te bendice para que siembres en tu prójimo y en el Reino de Él.

> **La vida cristiana es un presente eterno... inmediatamente que aceptamos a Cristo, somos salvos y viviremos eternamente con el Señor.**

Hay personas que se cansan pronto, esos son los que no llegan a nada. Hay otros que en el evangelio lo único que les espera es una banca. Ahí estarán siempre, 25 años después los encuentra en el mismo lado. Hay aun otros que viven de recuerdos solamente: Cuando yo predicaba... no, porque cuando Dios me usaba..., no porque cuando yo era pastor... no porque cuando yo era misionero... La vida cristiana no se vive de recuerdos. La vida cristiana es un presente eterno. Tan así es que inmediatamente que aceptamos a Cristo ya somos salvos y viviremos eternamente con el Señor. Nuestra eternidad con Cristo comienza en el instante en que lo aceptamos, porque vivimos en un presente eterno con Dios.

Lo que dice Salomón en Eclesiastés 11:6 es revolucionario: *Por la mañana siembra tu semilla, y a la tarde no dejes reposar tu mano.* Esto quiere decir que no te conformes con lo que hiciste porque no has terminado. No te conformes con lo que hiciste porque apenas comienzas. El que quiera decir: "Ya cuelgo los guantes", tiene que "guindar los tenis" (una palabra muy mía, de mi barrio). Es decir, tú dices cuelgo los guantes, ya no peleo, ya no lucho más. Dile a Dios que te prepare tu sitio allá en el cielo porque ya te vas, porque mientras estés en esta tierra, tienes que seguir hacia adelante.

Cristo dijo: *Mi Padre trabaja y yo también trabajo.* Mientras estemos en esta tierra hay que seguir luchando. Mientras haya un diablo suelto, mientras haya tentaciones de todo color, mientras haya maldades de todo tipo, hay que seguir luchando, seguir orando, seguir ayunando, seguir vigilando. Hay que mantenerse en santidad, hay que seguir sembrando. Si "enganchas los guantes", "cuelga los tenis".

"Por la mañana siembra tu semilla, y a la tarde no dejes reposar tu mano; porque no sabes cuál es lo mejor, si esto o aquello, o si lo uno y lo otro es igualmente bueno". Hiciste algo porque debiste hacerlo e hiciste otra cosa porque también era tu deber; sin embargo, cada cosa tiene un efecto, tiene un papel que desempeñar y tú no sabes cuál de las dos van a cumplir el propósito para el cual se hizo.

Por ejemplo: Si dices: "Ya yo lo hice, ya yo toqué el instrumento, me voy". ¿Ya no vas a seguir tocando? No, porque ya toqué. Pero, ¿si aquel toque no subió al cielo y el que va a subir al cielo es el próximo? Y, ¿si con ese no se salvó nadie, sino con el próximo? Eso quiere decir que no te debes cansar de hacer el bien porque de todas las cosas buenas que haces, hay algunas cuya recompensa, efectividad y repercusión están reservadas, pero hay otras que entran en función al instante en que las hiciste.

Otro ejemplo, le diste una ofrenda a una persona que la necesitaba, pero había otra persona y también le distes. Después alegas: "¿Qué se creen esas personas, piensan que el dinero nace en los árboles?, no sé qué piensan que solo piden y piden". Lo que tú no sabes es que con la primera ofrenda, posiblemente Dios te dé una bendición, pero con la otra te dará una bendición mucho más grande. Salomón, este hombre sabio que fue siervo de Dios, tuvo unos tropezones y una caída terribles, pero luego se levantó (algunos hasta se atreven a decir que no se salvó). Lo importante es que, lo que Salomón escribió, los santos hombres de Dios lo incluyeron en la Biblia.

Salomón declara en Eclesiastés 11:6: *Porque no sabes cuál es lo mejor, si esto o aquello o si lo uno y lo otro es igualmente bueno.* Ahora, el punto es que hiciste esto e hiciste aquello. Si te falla uno, te funciona el otro. Pero qué triste sería que solamente hicieras esto, pero no aquello, y entonces aquello es lo que Dios quería que hicieras. Hiciste esto por obligación, pero aquello era lo que iba a causar efecto.

Observemos lo siguiente cuando Salomón dice: "o si lo uno y lo otro es igualmente bueno". O sea, que hay veces que no es ni una cosa, ni la otra, sino que son las dos juntas que funcionan. Por ejemplo, ayunaste la semana pasada y ayunaste otra vez esta semana, es posible que el de la semana pasada no haya hecho mucho efecto, pero el que hiciste ahora fue el que más hizo, como también es posible que los dos ayunos rompieran cadenas, los dos ayunos abrieran puertas, los dos ayunos descoyuntaran al diablo.

En enero, temprano, pásatela sembrando, prepara tu terreno, limpia, ara la tierra, limpia tu terreno —que es tu vida, tu corazón—, saca toda basura, toda sabandija, saca todo lo que no sirve de tu vida. Limpia la casa, comienza el año con tu finca, limpia tu corazón y tu vida que el Espíritu Santo te va a proveer semillas frescas, nuevas para que siembres en tu corazón. La Palabra de Dios vendrá a tu vida y será sembrada. Limpia, toma una escoba y empieza a sacar todo lo que no sirve. Este es tu año, este es tu mes, todo lo que no sirve con la ayuda del Espíritu Santo lo sacarás de tu vida. La Palabra te ayudará a limpiar, lo podemos ver cuando Pablo dice en el libro de Efesios, capítulo 5: *por el lavamiento del agua por la palabra.*

La Palabra es como agua que limpia. El conocimiento de la Palabra te crea algo en la conciencia y dices: "Ah, yo estaba mal" o "Ah, estaba sucio, ¡Oh, Dios cómo estaba yo! Y pensaba que estaba bien, ¡ayúdame a sacar toda esta basura!" Tienes que sacar todo lo que no sirve de tu vida, todo lo que te mantuvo atrasado ¡sácalo! Si quieres tener un año fructífero, saca todo eso y comienza a sembrar cosas buenas. Siembra afecto, siembra amor, siembra cariño, siembra respeto mutuo, siembra lo bueno. Si no lo tienes, pídele al Espíritu Santo, porque la Biblia dice que si pides recibes, si buscas hallas y si tocas la puerta se te abre.

Enfatizo lo que Salomón dijo por su importancia: "Por la mañana siembra tu semilla, y a la tarde no dejes reposar tu mano" (sigue sembrando). Tú dirías: "Ya es marzo, ya he trabajado mucho, ya he hecho mucho durante este año, déjame descansar un poco". No, no descanses porque el diablo te está acechando; sigue sembrando cosas buenas, buena conducta. "Ya es junio, estamos en verano, para qué orar tanto si todo el invierno y el otoño me la he pasado orando y buscando de Dios. Déjame disfrutar un poco ahora en junio". No, el diablo también se lleva muchas personas en verano. El diablo es diablo en las cuatro estaciones del año. Hay personas que se cansan de ser buenos o de vivir según la Palabra de Dios y se toman sus vacaciones.

"Por la mañana siembra tu semilla, y a la tarde no dejes reposar tu mano; porque tú no sabes". Había un hombre que caminaba por todo un desierto con su familia en una caravana. Tenía una casa de campaña o una carpa pequeña, y cada vez que llegaba la noche, con la luz encendida, reunía a toda su familia en un círculo y hacía una oración con ellos. Después se iban todos a acostar.

Sin embargo, hacía muchos días que unos ladrones los perseguían. El hombre llegaba en la mañana y pasaba unos cuantos días en su tienda, luego recogía todo y seguían caminando. Recogían todas sus carpas, sus hijos, su esposa, sus animales y seguía caminando. Cuando llegaba la noche, en algún punto abría su carpa de nuevo y preparaba todo: comían su cena y cuando llegaba la hora de acostarse, hacía un círculo con sus hijos y su esposa y oraba. Ya los ladrones tenían muchos días persiguiéndolos. Pero cuando trataban de acercárseles no veían solamente al hombre y a su familia, sino también a muchas personas alrededor de las tiendas de campaña, como si fuera un ejército que los cuidaba. No eran un ejército, sino ángeles que estaban alrededor de la casa de campaña.

Las casas de campaña o carpas las hacían de pieles de animales, así que eran algo frágiles y vulnerables, tanto que cualquier ladrón podía entrar. Pero cuando los ladrones se acercaban, lo que veían era como un ejército de personas armadas, como si fueran soldados alrededor de la carpa y no podían seguir con sus planes de robar. El hombre seguía en el desierto y llegó un día en que dijo: "Ah, ya he orado tanto, todas las noches oramos y ya estamos cansados de este camino, tantos días caminando en este desierto. No vamos a orar hoy". Esa noche no oraron. Esa noche no pidieron protección y como no llegaron los soldados o los ángeles... lo demás es historia, se pueden imaginar.

Hay personas que se cansan y cuando llega junio dicen: "Yo he hecho tanto en esa iglesia, no voy a hacer más"; pero no saben que es ahora que se necesita que sigan haciendo. Todas las noches el hombre de la historia del desierto pedía la protección de Dios, que enviara sus ángeles para que estuviera con ellos, entonces llegaba el ejército y rodeaba la carpa. El hombre estaba protegido y dormía como un bebé, pero un día ya no.

Siembra en enero, siembra en febrero y marzo; cuando llegue abril, mayo y junio sigue sembrando, pero no te olvides que por ahí viene julio, agosto y septiembre. Sigue sembrando en octubre y noviembre. Sigue sembrando y te aseguro que en diciembre te faltarán manos. El que se disponga a sembrar lo bueno, lo justo, lo santo, lo puro al final de año le faltará manos para recoger la cosecha. Muchos tendrán que ayudarte, tendrás que llamar a otros para compartir lo que Dios te dará.

Siembra amor, evita toda murmuración y toda crítica. Siembra cariño, siembra dinero, siembra tiempo para ayudar a la gente y verás que hasta te reirás solo. Del cielo es que viene la semilla que plantarás.

6

Cuando operamos en su voluntad

En Cabo Cañaveral, Florida, y en Houston, Texas, hay unas plataformas de donde salen los cohetes que van al espacio. Cuando estamos en la voluntad de Dios, los problemas son una plataforma, un trampolín. El problema hace las veces de un trampolín, ya que rebotas en él y te elevas en pos de resolver el conflicto que enfrentas. El problema te lanza, si lo enfocas bien; el problema no te debe estancar, ni matar, ni detener, ni estrangularte. El problema es una puerta, una plataforma que te lleva hacia arriba cuando operas y funcionas en la voluntad de Dios.

Sin embargo, cuando no funcionas en la voluntad de Dios, la bendición más grande se convierte en un problema puesto que no estás bajo su voluntad; por tanto, lo dulce se convierte en amargo. Pero cuando estás en la voluntad de Dios tus problemas son la plataforma que te proyecta. La gente te mira y dice: "Ah, pero yo pensaba que se iba a morir por lo que le pasó, yo creía que a esta hora se habría vuelto loco, pero no, ahora está mucho mejor que antes". El problema que tuvo no lo mató ni lo volvió loco, sino todo lo contrario, fue Dios quien quiso que le pasara, porque tenía un propósito que cumplir a través ese problema.

En Romanos 8:28 dice: *Y sabemos que a los que aman a Dios, todas las cosas les ayudan a bien, esto es, a los que conforme a su propósito son llamados.* Así que asegúrese de que ha sido llamado conforme al propósito de Dios; asegúrese de que está en la voluntad de Dios. Después que lo confirmes, lo demás no importa. A los que aman a Dios todas las cosas, no algunas, sino todas las cosas les ayudan para bien.

Cuando alguien se lamenta y dice: "Ah, pobre, que tristeza, ¿y cómo fue que te pasó eso?", debes detenerlo y decirle: "No, no me digas pobre... a mí me sucedió eso porque Dios lo permitió, porque tiene un propósito conmigo", y sigue caminando. No dejes que nadie te diga que eres un pobrecito o un débil; no lo permitas, porque tú no eres ningún pobrecito. Tú eres un hijo o hija de Dios. A ti no te suceden coincidencias, en ti opera la voluntad soberana de Dios.

> **Los que te tienen pena y lástima te están atando, amarrando a un problema, porque están haciendo una declaración negativa contra ti.**

Hay quienes tienen tanta falta de amor y de cariño, que piensan que todo el que les tiene pena, les ama. Los que sienten pena y lástima por ti, te están atando, amarrando a un problema, porque están haciendo una declaración negativa contra ti. No puedes decir: "Ah, el pobrecito, qué lástima". No tengas lástima de mí, ni aunque me veas muriéndome. No me tengas lástima porque aun muriéndome tengo a Cristo y, si muero, me voy con Él.

Con Cristo en mi vida, comoquiera gano. Yo sé que a mi familia le va a doler, sé que algunos no van a querer que me vaya. Son muchas las cosas que sé, pero la realidad es que con Cristo gano. Sé que hay luz eléctrica, que las calles son bonitas en Navidad, que el verano es bello en Nueva York, yo sé muchas cosas. También sé que no sé cómo será el cielo a donde voy, pero sé que será mejor que aquí en la tierra.

Le tenemos miedo al cielo porque no sabemos cómo es, porque los seres humanos tememos a lo desconocido. Pero si le creo a la Palabra, sé que en la casa de mi Padre muchas moradas hay. Entonces, no me tengas lástima, porque lo que a mí me pasa está dentro de la voluntad de Dios. Cuando vives con esa convicción, y caminas con ella, el diablo no tiene cómo meter mano.

El diablo dice: "Si está enfermo, sigue firme; si tiene dinero, busca más de Dios; si tiene problema, ora más; si nadie lo ama, él está seguro de que Dios lo sigue amando. Entonces, ¿por dónde lo ataco? No hay como atacarlo". Necesitamos tener convicción, eso nos hace fuertes ante la adversidad. La convicción nos ayuda a superar todas las crisis que nos llegan en esta vida.

El versículo 29 de Romanos 8 declara: *Porque a los que antes conoció, también los predestinó para que fuesen hechos conformes a la imagen de su Hijo, para que él sea el primogénito entre muchos hermanos.* Hay pasos de los cuales debemos tener conciencia. El primero es que hemos sido llamados. El segundo paso es que Dios me conoce y por eso me llamó. Por ejemplo, tú llamas a quien conoces, o sea, si no me conoces, no tienes confianza para llamarme puesto que ni mi nombre sabes. Sin embargo, cuando me conoces, me llamas. Dios nos llamó porque nos conoció; Él conoció la condición en que vivíamos, la situación que teníamos.

El tercer paso es que Dios nos predestinó. El prefijo "pre" quiere decir "antes". Antes que naciéramos ya Dios había pensado en nosotros y había establecido el destino nuestro, por eso fue que nos predestinó. Cuando sabes que eres predestinado, caminas y te mueves con seguridad, con firmeza, no importa lo que la gente diga, no importa lo que los médicos reporten, no importa quién te desprecie, no importa quién no te quiera, no importa quién hable de ti. Tú sabes quién eres, sabes que Él te escogió, te predestinó. Además, tu pasado no te ata porque hay personas que están amarradas con lo que les pasó.

Hay personas que hace 20 años hicieron alguna "diablura", cometieron un pecado, un crimen e hicieron cosas malas en sus vidas, cayeron en barbaridades y todavía, 20 años después, siguen atormentados por lo que pasó, y eso no los deja vivir. Pero Dios quiere decirte que no importa lo que te haya acontecido, no importa el error que hayas cometido, no importa el pecado. Dios sabía que necesitabas de Cristo y por eso Cristo murió en la cruz del Calvario por ti para salvarte, perdonarte y hacerte libre de tu pasado. Por eso este versículo dice que Él nos predestinó, que Él nos conocía.

A su vez, Romanos 8:30 afirma: *Y a los que predestinó, a estos también llamó; y a los que llamó, a estos también justificó; y a los que justificó, a estos también glorificó.* La palabra justificar significa perdonar, aceptar, recibir. O sea, Él ya nos conocía. Antes de nacer, ya Dios sabía quién eras tú. La Biblia dice que Dios tiene hasta los cabellos de nuestra cabeza contados.

Antes que naciéramos ya Él nos conocía, sabía cuántos errores y pecados íbamos a cometer, Él lo sabía. Por eso fue que envió y prometió a su Hijo Jesucristo, en Génesis 3:15. Él sabía que los humanos iban a fallar e iban a pecar. Dios nos conocía aun antes de nosotros nacer. Él sabía que íbamos a cometer errores, sin embargo nos ofrece su perdón y nos acepta tal como somos. No tenemos que traer otra cara ni otro corazón, ni ponernos una máscara para que Dios nos reciba, porque Él nos conoce.

Dios, por ejemplo, conocía a Pablo; que más tarde escribió la Carta a los Romanos. Lo conoció antes de convertirse. Lo conocía ya cuando participó en la muerte de Esteban. Pablo, llamado en esa época Saulo de Tarso, maltrataba a los cristianos. Agarraba a las mujeres por el cabello y las arrastraba por el suelo; perseguía a los cristianos.

Sin embargo, Saulo se encontró con Jesús y Él transformó su vida, convirtiéndolo en el apóstol Pablo, enviado a los gentiles. Por eso es que el propio Pablo puede afirmar con seguridad que Dios lo perdonó, lo justificó, lo aceptó, lo recibió a pesar de lo que había hecho. Así también te recibió a ti y me recibió a mí; como te perdonó a ti, me perdonó a mí; como te justifico a ti, me justificó a mí.

Pablo afirma en Romanos 8:30: *Y a los que predestinó, a estos también llamó; y a los que llamó, a estos también justificó; y a los que justificó, a estos también glorificó.* Además de justificarnos —lo que quiere decir recibirnos, aceptarnos y perdonamos—, también nos glorificó. Ahora, la palabra glorificó está establecida en los tiempos: Dios en Cristo nos glorificó de manera parcial y de manera externa. Parcial porque en el presente vivimos bajo la gloria de Dios y andamos y caminamos con una aureola de gloria que nos cubre.

Nos damos cuenta de que andamos bajo esa aureola de gloria que nos cubre, cuando miramos que por donde han pasado muchas personas que han perecido o fracasado, nosotros hemos pasado por ahí también, pero Dios nos ha cuidado. Se nos dice que hay una aureola que nos cubre y que nos cuida.

De la misma manera que cualquier predicador le pone la mano a un enfermo y ora por él y el enfermo es sano, cada uno de nosotros tenemos el poder de orar por alguien y el Señor lo sana. Significa eso que en nosotros hay cierto nivel de gloria. Así como nosotros sentimos el gozo de Dios, sentimos su paz en nuestra vida; eso habla del nivel de gloria que hay en nosotros. Cuando el apóstol Pablo declara que: *a los que justificó, a estos también glorificó,* afirma que hemos sido glorificados, aunque de manera parcial, porque hay dos niveles de glorificación: la que ocurre mientras estemos en esta tierra y la glorificación cuando dejemos de estar en esta tierra.

Resulta que nosotros en esta tierra tenemos una gracia, una exuberancia, una riqueza que nos cubre. Las personas nos ven y no necesitamos muchas cosas para vernos bien, para brillar, para proyectar lo que hay dentro de nosotros, porque dentro de nosotros hay una gloria. En nosotros hay algo grande, bello, que cuando la gente nos escucha hablar dice: "Oh, esta persona tiene algo distinto a los demás, como humano se ve igual pero cuando habla, se siente que tiene algo diferente". Eso es la gloria de Dios. Esa gloria es pasajera porque es aquí en la tierra. Pero hay otra gloria eterna que es aquella que ha de derramarse en nosotros cuando Cristo venga por su Iglesia, cuando vivamos eternamente con Él.

La Biblia dice que lo veremos tal y como Él es, y que seremos tal y como Él es, porque será la misma gloria que Cristo tuvo cuando resucitó de entre los muertos al tercer día de haberlo sepultado. Esa misma gloria la vamos a tener nosotros. Mientras tanto, puedes caminar con cualquier gente a tu lado, sean o no cristianos; el asunto es que reflejas un algo y ese algo es la gloria de Dios en tu vida.

En Romanos 8:31 al 35 vemos la aseveración del apóstol cuando inquiere: ¿Qué, pues, diremos a esto? Si Dios es por nosotros, ¿quién contra nosotros? El que no escatimó ni a su propio Hijo, sino que lo entregó por todos nosotros, ¿cómo no nos dará también con él todas las cosas? ¿Quién acusará a los escogidos de Dios? Dios es el que justifica. ¿Quién es el que condenará? Cristo es el que murió; más aun, el que también resucitó, el que además está a la diestra de Dios, el que también intercede por nosotros. ¿Quién nos separará del amor de Cristo? ¿Tribulación, o angustia, o persecución, o hambre, o desnudez, o peligro, o espada?

En este pasaje observamos cinco niveles en nuestra vida y son: 1) El hecho de haber sido conocidos por Dios. 2) El haber sido justificados por Dios. 3) Haber sido glorificados por Dios. 4) Haber sido amados por Dios. 5) Haber sido predestinados por Dios. Cuando tenemos estas cinco fases en la nuestra vida, automáticamente ocurre algo: ¿Qué, pues, diremos a esto? Si Dios es por nosotros, ¿quién contra nosotros?, dice el apóstol Pablo.

Hay muchas personas que tienen que aprehender esto, tienen que asirse a este pasaje escritural, porque le tienen miedo a todas las cosas y a todo el mundo. No saben que el que les predestinó, el que les amó, el que les justificó, el que les conoció y el que les glorificó, hizo todas las cosas por ellos... Si Dios hizo todas esas cosas por ti, ¿quién se atreve a meterse contigo? Eso es lo que está diciendo el versículo.

En ese punto es donde infinidad de personas viven perdidas, porque pueden estar cantando, levantando las manos y contentos, pero cuando se trata de problemas y dificultades tienen terror y piensan que todos están contra ellos, piensan que el mundo se les va a venir encima, olvidándose de que ya Dios hizo cinco cosas grandiosas por ellos. Si Dios hizo tantas cosas por ti, ahora no va a dejar que te pierdas, no va a dejar que otros acaben contigo, ni va a dejar que el diablo te aplaste.

Al considerar el pasaje de Romanos 8 versículo 32, que afirma que: *El que no escatimó ni a su propio Hijo, sino que lo entregó por todos nosotros, ¿cómo no nos dará también con él todas las cosas?*, cobramos fuerzas. La palabra escatimó quiere decir que no se inhibió, que no se abstuvo de dar a su propio Hijo, que no fue mezquino. El que fue tan generoso que aun a su propio Hijo dio, el Dios que entregó a su Hijo por nosotros, hará cualquier otra cosa por nosotros. Él que es capaz de dar su Hijo por ti, lo que significa que te está dando todo. ¿Qué más hay que dar por ti? Eso es lo que quiere decir este versículo.

Te lo digo de otra manera: cuando das un regalo, este habla de ti, porque habla de lo que eres capaz de sacrificar por la persona a la que se lo obsequias. No te estoy diciendo que te metas en líos para complacer a la gente, estoy hablando de un mensaje bíblico. Lo que tú das, habla de ti porque lleva tu sello, habla de que pensaste en la persona a la que le ibas a dar el obsequio. *El que no escatimó ni a su propio Hijo* quiere decir que Dios dio lo más grande que tenía, SU HIJO, lo más importante que tenía... para salvarte a ti y salvarme a mí, eso quiere decir.

¡Cuán importantes somos nosotros para Dios! Por eso es que cuando lo traicionamos nos va tan mal, porque Él fue muy leal y fiel con nosotros. Dios entregó el regalo más caro que ha podido existir en el cielo y en la tierra, solo para salvarnos a nosotros. El Señor te pregunta: "¿Qué más quieres?" Tú respondes: "Oh, Señor, quiero un par de zapatos" y el Señor dice: "Pero ¿qué es un par de zapatos para mí si te di a MI HIJO, que vale más que un par de zapatos?" O: "Ay, Señor, no puedo pagar la renta". "¿Qué significa eso para mí si te di a MI HIJO para salvarte, que es mucho más que tu renta?"

Continuemos con el versículo 33 de Romanos 8, que reafirma: ¿Quién acusará a los escogidos de Dios? Dios es el que justifica. ¿Quién se atreve a ir delante de Dios a acusarte? El único que acusa es el diablo, porque las palabras diablo y Satanás también son sinónimos de acusador. Él es el acusador nuestro y de nuestros hermanos. Y ¿quién se atreve a ir donde Dios y decir: Oh

Dios, sabes, el hombre que se llama Johnson...? Al que se atreva, Dios le va a decir: "¿Y qué es lo que tú me vas a hablar de Johnson..., si para mí él vale mucho?, porque yo di a MI HIJO para salvarlo a él". Nadie puede ir a acusar a un hijo de Dios.

Como todos sabemos, el diablo fue delante de Dios a acusar a Job. Atrevido el diablo, entró al mismo cielo para acusar... Allí Dios le preguntó: "¿Has visto a mi siervo Job?" El diablo contestó: "Bueno, tú sabes que Job es un hombre fiel, un hombre sincero, porque le das muchas bendiciones, pero quítale las bendiciones para que veas que no es tan sincero ni tan fiel. Sin embargo, Dios le demostró a Satanás que Job en verdad era un hombre fiel y sincero.

Cuando alguien vaya donde Dios a decirle algo de ti: "Oh, Dios, sabes que fulana no es una buena cristiana...", Dios le va a decir: "Yo no tengo que preguntártelo a ti, porque la conozco". Dios sabe cuándo nos levantamos y cuándo nos acostamos, cuándo salimos y cuándo regresamos; Él conoce todo de nosotros, por dentro y por fuera. Él nos entretejió en lo oculto, en el vientre de nuestra madre.

Cuando alguien habla de ti, piensas: "Esa persona está hablando de mí ahora, pero a ver qué dice Dios, porque cualquiera puede hablar de quien sea". Es posible que alguien hable de ti por envidia, o se invente algo en tu contra, pero lo importante es saber qué dice Dios, porque Él nos conoce.

> **La misión de Dios no es acusar a nadie, la misión de Dios es perdonar a la gente. Mientras otros estaban acusando Dios estaba perdonando en Cristo Jesús.**

La segunda parte del versículo dice: "Dios es el que justifica". Esto significa que Dios no recibe acusaciones contra nadie, como un juez ante quien el fiscal le lleva una acusación. El trabajo de Dios es perdonar. La pregunta es: ¿Quién acusará a los escogidos de Dios? La respuesta es: Dios es el que justifica, el que perdona. Mientras otros te acusan, Dios te perdona. Mientras otros te señalan, Dios te abre sus brazos y te dice: "Ven mi hijo".

Podemos ver eso en la historia de la mujer adúltera. Los fariseos llevaron a una mujer, y le dijeron: "Jesús, esta mujer fue encontrada en el mismo hecho de adulterio; la ley manda que debe morir apedreada…" El Señor bajó la cabeza y después, mirándoles, les dijo: "El que de ustedes no tenga pecado, tírele la primera piedra". El Señor bajó la cabeza nuevamente, y cuando volvió a mirarles, ya no estaba ni uno ahí.

Yo analizaba esto con mi esposa y le decía: "¿Notas que el Señor ni acusó a la mujer?" El Señor lo único que le dijo fue que ni Él la condenaba. La misión de Dios no es acusar a nadie, la misión de Dios es perdonar a la gente. Mientras otros estaban acusando a Jesús, Dios la estaba perdonando en Cristo Jesús.

Los versículos 34 y 35 de Romanos 8 cuestionan: ¿Quién es el que condenará? Cristo es el que murió; más aun, el que también resucitó, el que además está a la diestra de Dios, el que también intercede por nosotros. ¿Quién nos separará del amor de Cristo? ¿Tribulación, o angustia, o persecución, o hambre, o desnudez, o peligro, o espada? El versículo 34 pregunta: ¿Quién es el que condenará? Y no hay ninguna respuesta que afirme que Cristo condenará. La respuesta es que Cristo es el que murió por nosotros.

Por tanto, en vez de condenar, el versículo te dice que Cristo murió para perdonar. Y sigue diciendo: "más aun, el que también resucitó, el que además está a la diestra de Dios"; esto quiere decir que Cristo está sentado en el trono al lado de su Padre, y cada vez que uno de nosotros cometemos una falta, Dios se pone como unos espejuelos.

Esos espejuelos que Dios usa se llaman "Cristo". Dios se pone esos lentes y nos mira a través de Cristo, y lo que ve son las marcas de los clavos que traspasaron las manos de Cristo, las huellas de las espinas que clavaron sus sienes, las marcas de los clavos que perforaron los pies de Cristo. Dios lo que hace es mirar a través de Jesucristo y tener misericordia de nosotros.

El versículo también indica que Cristo está sentado a la diestra de Dios y uno de los trabajos que hace allí, de acuerdo con lo que dice el apóstol Pablo a los romanos, es interceder por nosotros. O sea, aunque mereces un castigo, Cristo dice: "Padre, perdónalo porque él me recibió, puesto que morí por él en la cruz del Calvario". Cristo intercede por nosotros.

El apóstol Juan, en su primera epístola dice: *Hijitos, si alguno cometiere pecado, abogado tenemos para con el Padre, a Jesucristo el justo* (1 Juan 2:1). Eso quiere decir que tenemos un abogado en el cielo, por eso es que ni el diablo puede subir a acusarnos. Porque cuando va a acusarnos y a decir: "Oh, mira Dios a fulana, mira lo que hizo y eso que va a la iglesia, es una hipócrita", entonces Cristo responde: "No, yo morí por ella, yo soy su abogado, es más, ¡la compré al precio de toda mi sangre!"

Teniendo todo ese caudal de bendiciones y de recursos, el apóstol pregunta: ¿Quién me apartará del evangelio?, ¿quién va a hacer que deje de amar a Dios?, ¿quién me va a impedir que cante a mi Dios?, ¿quién me va a impedir que busque de mi Dios? y ¿quién nos separará del amor de Cristo?

El apóstol menciona las cosas más fuertes que le pueden pasar a un ser humano y dice: ¿Quién nos separará del amor de Cristo? ¿Tribulación, o angustia, o persecución, o hambre, o desnudez, o peligro, o espada? (v. 35). Ninguna de esas cosas nos separarán del amor del Señor, un Señor que ha hecho tanto por nosotros... Y si alguien me angustia y tengo un sufrimiento que no puedo ni dormir, ni por eso voy a dejar a Cristo. Aunque te amenacen con que te van a matar porque eres cristiano, no serás el único que ha sido amenazado por eso.

Esta es una enseñanza un poco extraña en el tiempo en que vivimos, pero es bíblica, puesto que en los tiempos de los apóstoles y en los de los padres de la Iglesia, también fueron amenazados de muerte por ser cristianos. Por ejemplo, a Policarpo, que fue el primer obispo de Esmirna, lo amenazaron con tirarlo a la hoguera, o a las fieras en el Coliseo romano, si negaba a Jesucristo.

Ante aquella amenaza, Policarpo dijo: "Ochenta y seis años llevo sirviendo a Jesucristo y Él nunca me ha fallado en nada. ¿Cómo le voy yo a fallar a Él ahora? Yo seré siempre amigo de Cristo". Y prefirió la hoguera. Cuando al apóstol Pedro lo iban a crucificar por ser cristiano, dijo: "No me crucifiquen con la cabeza para arriba. Crucifíquenme con la cabeza para abajo, porque con la cabeza para arriba murió mi Salvador Jesucristo y yo no merezco morir como Él".

Así que, por ningún motivo voy a dejar a Jesús, a mi Cristo. Por eso el apóstol claramente dice: "¿Quién nos separará del amor de Cristo?" ¿Hambre? Una de las cosas más tristes en la vida es que una persona cometa pecado por hambre, porque el hambre es tan engañosa que con cualquier cosa se calma. Una cosa es hambre y otra es apetito. Al hambre la engañas con cualquier bocado. Te comes cualquier alimento que te pueda nutrir, aunque no sea lo que te guste y ya. Se fue el hambre, porque llenaste el estómago.

Recuerda, sin embargo, que mañana vas a tener hambre de nuevo. ¿Te imaginas que cometas pecado por hambre?, tendrías que vivir cometiendo pecado motivado por el hambre; todo el día tendrías hambre. Por lo tanto, debes ser sabio y no negar a Cristo por hambre.

El apóstol dice en los versículos 35 al 39: ¿Quién nos separará del amor de Cristo? ¿Tribulación, o angustia, o persecución, o hambre, o desnudez, o peligro, o espada? Como está escrito: Por causa de ti somos muertos todo el tiempo; somos contados como ovejas de matadero. *Antes, en todas estas cosas somos más que vencedores por medio de aquel que nos amó. Por lo cual estoy seguro de que ni la muerte, ni la vida, ni ángeles, ni principados, ni potestades, ni lo presente, ni lo por venir, ni lo alto, ni lo profundo, ni ninguna otra cosa creada nos podrá separar del amor de Dios, que es en Cristo Jesús Señor nuestro.*

Nada nos puede separar del amor de Jesús. Si te dicen: "Mira fulano, no te vamos a seguir mandando la comida porque ahora eres cristiano", tú no dices: "Ah, voy a dejar a Cristo". Eso solo lo haría un tonto, puesto que en cambio sabes que Cristo te puede proveer comida y dinero y después que tengas tanto, tú serás el que le des comida a otros.

El Señor nos ayudará a no fallarle, no importa lo que nos haga falta, ni lo que tengamos. Aunque tengamos riquezas o tengamos pobreza, serviremos y amaremos a nuestro Dios, porque Él nos amó primero. Ahora, eso es una seguridad que debemos tener y tenemos que aprender a vivir con esa seguridad. Uno tiene que decir: No le tengo miedo a nada, ¿qué es lo más grande que me puede pasar en la vida? ¿Morirme? Comoquiera me voy a morir y, si me muero, me voy con Jesús. Los ángeles tomarán mi alma, se la llevarán y la depositarán en los brazos de Dios.

Cuando vives esa vida apegada a Dios, vives libre, sin miedo a nada. Hay veces que uno siente miedo y piensa: "Si fulano me deja de amar, ¿qué será de mí?" La Biblia dice en Salmos: "Aunque mi padre y mi madre me dejaran, con todo, Jehová me recogerá". Hay que aprender a vivir con libertad. Da tristeza ver gente que vive con miedos y no desarrolla su potencial, no disfrutan la vida; ni aun la comida que se comen. Personas que cuando comen lo que hacen es que se tragan la comida, no la mastican ni la saborean, y por eso no hacen buena digestión, porque viven con tanto miedo, tan cohibidos, que no disfrutan de nada en la vida.

Son personas que viven con aprensión, con temor y miedo a todo; todo lo hacen a medias y no disfrutan nada. No gozan los momentos con la familia, ni con la pareja, ni disfrutan el momento en una iglesia, ni con los amigos. No son libres. El apóstol dice: *Porque yo sé que ni lo alto, ni lo bajo, ni lo por venir, ni lo presente, ni el futuro, ni ninguna cosa creada nos podrá apartar del amor de Dios que es en Cristo Jesús señor nuestro.*

¿Necesitas seguridad de Dios para disfrutar todo lo que Él te da, de modo que vivas la vida cristiana a plenitud? Muchos tienen tanto miedo que ni duermen con tranquilidad por ese temor; tienen miedo de fallarle a Dios, de que van a pecar o a tropezar y no van a poder seguir en el evangelio. Reprende, en el nombre de Cristo, todo espíritu de miedo que te mantiene aprensivo. Declara liberación para tu vida, declara libertad para vivir la vida cristiana a plenitud.

Hay quienes no pueden disfrutar a su familia, ni lo que Dios les da... pero tienes que reprender a Satanás. Él quiere mantener a las personas con miedo y no los deja desarrollarse. Declárate libre para que puedas llevar una vida sin prejuicios religiosos, sin prejuicio de ninguna especie.

Es tiempo de que tengamos una vida cristiana abundante, no una vida cristiana a medias. Tenemos que disfrutar a Dios. Dios quiere que no le tengas miedo a nada, porque lo tienes a Él. La mayoría de las cosas que suceden en la vida son naturales. A lo único que debes tenerle temor es a pecar; y aun así, puedes tener una vida segura en Dios. Verás que podrás desarrollar tu fuerza, tu capacidad, tu potencial.

Cuando no le tienes miedo a nada, eres más efectivo en tu trabajo y en todo lo que haces; estás libre de culpa. Nadie te puede acusar porque Dios no escucha acusación contra ti. Dios te conoce, así es que cualquier cosa que haya en ti, que para otro sería raro, para Dios no lo es. Dios no se sorprende, Dios lo que hace es que te ayuda. Por tanto, si tienes un Dios como el que tenemos los que hemos creído, disfrútalo, vívelo, gózalo, sírvele, amale, búscale.

7
El fundamento inconmovible

Quisiera hablarles sobre el tema: el fundamento inconmovible, pero primero me gustaría enfatizar en el poder de una virtud. La Biblia menciona varias virtudes, en cada una de las cuales hay poder: La primera virtud a la que quiero referirme es el amor, que es la virtud número uno.

Cuando la Biblia habla de las virtudes —que también son identificadas como frutos del espíritu—, el amor aparece como el número uno. Ahora, ¿por qué le llaman virtud? Porque es una habilidad, una capacidad que Dios pone en uno, y que debe convertirse en parte de la vida nuestra, algo así como una credencial.

La Biblia misma identifica y dice que "el amor cubre multitud de faltas". Eso significa que el amor es tan grande, tan poderoso que no hay faltas que no cubra. Explícitamente significa que no importa el error que haya cometido una persona contra uno, si el amor de uno es fuerte.

Lo voy a decir de otra manera: uno soportará, resistirá, aceptará a la persona que le ha fallado, de acuerdo al grado de amor que tenga por esa persona. O sea, uno estará dispuesto a aceptar, a perdonar, a recibir a alguien que le ha faltado dependiendo de la fuerza del amor que uno sienta por esa persona. Si el amor es débil, pues así mismo será la persona: resistirá o aceptará, aguantará un poco, y después dirá: "No puedo más... porque ese amor es débil". Ahora, si el amor es fuerte dice: "Yo camino una milla más..."

El amor todo lo puede, la Biblia lo dice. En 1 Corintios 13 —que habla sobre la preeminencia del amor—, dice que "el amor todo lo puede, todo lo soporta". Es más, el capítulo termina diciendo que "el amor nunca dejará de ser". En la vida, todo pasa, lo único que nunca pasa es el amor; naturalmente, cuando se trata del verdadero amor, ese que nunca deja de ser.

Eso significa que el amor es tan poderoso que es eterno. Por tanto, ese amor eterno es una virtud. El que tiene amor tiene una virtud y el que tiene una virtud tiene poder. La virtud del amor te ayuda a superar cosas, a vencer cosas, a lograr cosas, a alcanzar cosas, porque es poderosa.

Otra virtud es el gozo, que no es una simple alegría, sino una satisfacción que está asentada en lo más profundo del alma. La Biblia dice que el gozo es fuerza, porque cuando no hay gozo no hay fuerza. Porque cuando el gozo "vence a Jensen", vence a todos los que se oponen a la obra.

Jensen era un árabe que se oponía a la obra de Dios cuando el pueblo de Israel regresó del exilio. Cuando regresaron de Babilonia comenzaron a reconstruir los muros de Jerusalén, a lo que varias personas se opusieron. Pero dice la Biblia que el pueblo, mientras ponía un ladrillo con una mano, en la otra mano tenía una espada, y en el corazón tenían gozo. Y ellos dijeron: "El gozo del Señor nuestra fortaleza es".

> **El gozo es la celebración anticipada de una victoria.**

El diablo estaba una vez vendiendo todas las cosas que le quedaban, las tenía todas a la venta, y decía: "Vengan, vengan, estoy vendiendo, ¡rematando!, por lo que me den". Pero tenía una sola cosa que no vendía que se llama desaliento, desánimo. Alguien le dijo: "Y esto, ¿por cuánto lo vendes, diablo?" El diablo respondió: "Eso no, eso no lo vendo. Vendo de todo, menos desaliento, menos desánimo. Yo vendo de todo: depresión, angustia, pero eso, no. No lo vendo porque eso lo tengo para los hijos de Dios, para desanimarlos, porque es con lo único que los puedo derrotar, con el desánimo".

Por eso es que en la Biblia dice que *el gozo del Señor nuestra fortaleza es*. En otras palabras, una de las cosas que nos ayudan a mantenernos firmes, que nos ayudan a ser vencedores, es el gozo. No una simple alegría en la mente, sino un gozo en el alma.

El gozo crea en nosotros un fundamento, satisfacción, seguridad. No importa que me tiren piedras, estoy contento; no importa que hablen de mí, estoy contento; no importa que murmuren o me critiquen, estoy contento; no importa que me falte pan o que no tenga leche en la nevera, estoy contento. Es más, el gozo es la celebración anticipada de una victoria. O sea, yo sé que no me voy a quedar así, sé que Dios no me va a dejar como estoy, por tanto estoy contento.

Aunque me veas mal ahora, no importa, no es lo que tú ves ahora, es lo que Dios va a hacer conmigo. Por eso ya lo estoy celebrando. "Este parece que está loco, porque con lo que le está pasando, lo que están diciendo de él... y mira lo contento que está". Tenemos que estar celebrando porque sabemos que lo que Dios dijo, se va a cumplir.

Otra virtud es la paz. La Biblia dice que la paz de Dios sobrepuja todo entendimiento. Una de las formas de ilustrar la paz es con un ave: una avecilla que está en una rama helada. Hay mucha conmoción por una tormenta de nieve que se acerca. La rama se está moviendo y en ella la pequeña ave se mantiene muy tranquila. El noticiero dice que viene una tormenta, pero el ave sigue muy tranquila. Uno se pregunta: ¿por qué no se inmuta el ave? Porque tiene paz.

La paz es algo en el alma que traspasa el intelecto, que traspasa la razón. Estás cantando y la gente dice: "Pero, no me explico cómo está contento... pese a lo que el doctor le dijo... si hasta del trabajo le dijeron que lo iban a echar". Es una paz que Dios pone, que trasciende el intelecto. La paz habla de serenidad.

Es como hablar de Job cuando declaró: "Yo sé que mi redentor vive" o cuando indicó: "Aunque Dios me mate, seguiré esperando en él". Eso es paz. Job lo perdió todo y además tiene una infección, como lepra, y en medio de esa terrible enfermedad de su piel, aun así declara: "Yo sé que mi Dios está vivo". ¿Cómo se explica eso? Es la paz de Dios en el alma.

Otra virtud es la bondad, que es una especie de generosidad que mana de un corazón abierto. La bondad es parte de ese amor que perdona; de ese amor que juzga sus ansias por las ajenas. Por ejemplo, alguien te falta o comete un error contra ti y tú, no solamente piensas en ti, sino en el que faltó contra ti, esta es la bondad.

> **La paz habla de serenidad. La paz es algo en el alma que traspasa el intelecto, que traspasa la razón.**

La mansedumbre es otra virtud que combina la gentileza, la fuerza y la humildad. Una persona puede tener el poder que tenga, puede tener la fuerza, la capacidad, el dominio que tenga, pero si no une eso con gentileza y humildad se convierte en un tirano. Pero cuando una persona tiene poder, tiene dominio y a ese dominio le agrega gentileza y humidad, entonces eso se convierte en mansedumbre.

La persona mansa busca soluciones pacificadoras. Alguien puede intentar cortarle el cuello a un fulano pero no lo hace; en vez de eso, busca siete maneras de resolver el problema sin tener que cortarle el cuello a nadie, ¡eso es mansedumbre! Es ver a Dios diciéndole a Moisés: "Yo mataré al pueblo porque no te obedecen, han hecho mal, y te daré un pueblo mejor". Y Moisés le dice a Dios: "No lo hagas, si vas a matar a este pueblo mejor quítame a mí del libro de la vida". ¡Eso es mansedumbre!

Moisés estuvo dispuesto a luchar con el pueblo un poquito más. Entonces, es evidente que una de las cosas que a veces a nosotros nos hace falta, es la mansedumbre.

Si llegamos a un puestecito, a una posición de poder, fácilmente alguien nos cae mal, o si alguien nos hizo mal, buscamos la ocasión para vengarnos. Y sucede que en esta vida todo lo que le haces a otro te lo estás haciendo a ti. Quiero que lo aprendas porque la mayoría de los seres humanos ignoramos esto. Todo lo que tú le haces a tu prójimo te lo haces a ti mismo.

Recuerda que entre tú y tu prójimo, como humanos, no hay diferencia. Tú estás hecho de carne y hueso y él también; tú tienes alma y él también; tú tienes espíritu y él también; él está en esta tierra y tú también. Cuando salga el sol les va a alumbrar a los dos y cuando caiga la nieve a él le va a caer y a ti también. Así es que, cualquier cosa que le hagas a tu prójimo, a la postre, te lo estás haciendo a ti mismo. Por eso es que cuando tienes esa capacidad que Dios te da, esa virtud de ser manso, no solo piensas en ti, sino en los demás.

Por último, tenemos la virtud de la templanza. Templanza es dominio propio. Uno de los animales que no tiene dominio propio es el cerdo. A un cerdo lo bañas, lo desempolvas, le echas perfume y lo sientas en una sala y hasta le pones un sombrero, y te aseguro que en menos de lo que te imaginas, retornará al fango, al lodo; no tiene dominio propio, el lodo le atrae, no se resiste al lodo.

Hay seres humanos sin dominio propio. Pueden salir veinte veces de la maldad, del vicio, del pecado y de todas las cosas malas, pero luego se sacuden de lo bueno que Dios les puso y vuelven a caer en lo mismo. (Al decir esto, de ninguna manera me excluyo. ¡Dios nos libre de caer!). Pero no, tú tienes templanza, dominio propio, tienes una de las virtudes más poderosas. Cuando tienes templanza, dices: "Eso no me conviene, no importa cómo me lo pinten, no importa cómo me lo pongan, se acabó; eso no debe tener más poder que yo; las cosas no deben predominar sobre mí, soy yo quien debe dominar las cosas". Dicho de otro modo, cuando Dios creó al hombre, lo primero que le entregó fue el mundo en sus manos y fue para que el hombre lo gobernara, no para que el mundo gobernara al hombre.

Por desdicha, podemos ver que el alcohol y las drogas gobiernan a algunas personas; es más, muchas cosas malas gobiernan a demasiadas personas. Por ejemplo, levantas a alguien afectado por el vicio, lo limpias, lo llevas a un refugio, lo mandas a un centro de rehabilitación, lo llevas a una tienda, le compras ropa de calidad: un saco nuevo, corbata nueva... y a los tres meses vuelves a ver a esa persona arrastrándose, pidiendo limosna y usando ese dinero que gastaste en él, para alimentar su vicio.

Personas como esa no tienen templanza, carecen de dominio propio. Cuando has recibido la templanza, el dominio propio, que Dios te da puedes decir: "No, no me conviene, eso no va conmigo", y en lugar de que el mal se ría de ti, tú te ríes de las malas cosas. Qué maravilla ejercer el dominio propio o autocontrol.

Después de haber revisado brevemente lo que son las virtudes con las que Dios ha dotado al hombre, resulta, entonces pertinente que me refiera al fundamento inconmovible. El Evangelio de Lucas en su capítulo 6, versículos 46 al 49 dice: ¿Por qué me llamáis, Señor, Señor, y no hacéis lo que yo digo? Todo aquel que viene a mí, y oye mis palabras y las hace, os indicaré a quién es semejante. Semejante es al hombre que al edificar una casa, cavó y ahondó y puso el fundamento sobre la roca; y cuando vino una inundación, el río dio con ímpetu contra aquella casa, pero no la pudo mover, porque estaba fundada sobre la roca. Mas el que oyó y no hizo, semejante es al hombre que edificó su casa sobre tierra, sin fundamento; contra la cual el río dio con ímpetu, y luego cayó, y fue grande la *ruina de aquella casa.*

> **Si el principio se aplica a la vida de un individuo, una persona que no tiene profundidad, tampoco tendrá altura.**

Fundamento significa algo sólido, una base. Inconmovible quiere decir que no se mueve. Quiero enseñarles algo para que puedan entender en forma más práctica, acerca de los fundamentos sólidos. En Mateo, capítulo 5, desde el versículo 1 hasta el 12 están las llamadas "bienaventuranzas". Ahora, en Mateo capítulo 5 hasta el capítulo 7, está lo que conocemos como "El sermón del monte". Esos tres capítulos tratan de un solo sermón que Jesús dio en el Monte de los Olivos y recogen una serie de enseñanzas tremendas que se constituyen, se convierten en fundamento, en base sólida.

Se dice que cuando se construyeron las Torres Gemelas en la ciudad de Manhattan, los constructores cavaron muy profundo. Manhattan, desde la mitad de la isla hacia abajo, se asienta sobre una plataforma de rocas sólidas, y hay como cuatro o cinco pisos que van bajo el nivel de las aguas de los ríos que rodean la isla. Al construir las Torres Gemelas, lo hicieron sobre una plataforma de roca; por eso se pudieron elevar tan alto, por la plataforma de roca que había abajo.

Si ustedes han tenido la oportunidad de ver la construcción de un rascacielos, se darán cuenta de que las bases son bien profundas, o sea, hay varios pisos construidos en el subsuelo. Los constructores primero cavan hasta encontrar rocas, luego empiezan a poner los cimientos y las columnas sobre esas rocas. No es raro, por tanto, encontrar seis o siete pisos hacia abajo, solamente para estacionar autos.

Se internan tanto porque la altura va en proporción a la profundidad; de donde, si no hay profundidad, no hay mucha altura. Los fundamentos se ponen en la profundidad; eso quiere decir, que si el principio se aplica a la vida de un individuo, una persona que no tiene profundidad, tampoco tendrá altura.

En el Cuerpo de Cristo, la Iglesia, todo el que quiera llegar alto, debe crecer primero hacia las profundidades. Se oye a no pocos decir: "Yo puedo meterme al evangelio y verás que cuando lo haga, seré un predicador internacional, seré un tremendo pastor". Pero la pregunta es: Si estás asistiendo a una iglesia o leyendo la Biblia, o si vas a la escuela bíblica, o a algún seminario... y te contestara: No; pues entonces no vas a llegar a ningún lado, ¿qué harías? Tienes que saber que en el camino del evangelio llegas alto de acuerdo a lo que te bajes. Si no te bajas, no subes.

Bajo esta consideración precedente es que traigo a colación el tema que he titulado "El fundamento inconmovible". Muchos no progresan porque no tienen fundamentos en ninguna de las cosas que emprenden.

La mayoría de las veces, sus fundamentos no son sólidos ni profundos. Pero Dios quiere decirte que si quieres tener altura, si quieres tener durabilidad, necesitas tener fundamento, necesitas tener base. Por eso en Mateo 5, desde el versículo 1 hasta el 12, habla de las "bienaventuranzas", palabra que quiere decir "dicha".

¿En qué consiste la verdadera dicha? Por ejemplo, alguien ganó algo o consiguió algo y la gente le dice: "¡Oh, tú sí eres dichoso!" Pero cuando reflexionas en tu interior, ves que no es verdad que eres así, porque cualquiera no es dichoso. Mateo 5 explica lo que es la verdadera dicha y en qué consiste.

Hay personas que creen que tener dinero es una dicha, pero todos sabemos que hay quienes tienen mucho dinero y son los más desdichados. Hay otros que tienen cosas materiales, que todo el mundo quisiera ser como ellos, por lo que tienen. Aparentan ser felices pero, cuando analizamos su vida completa, vemos que es un infierno.

La dicha no consiste en las cosas que uno tiene, porque si fuera así, Michael Jackson no se hubiera tomado todas las pastillas que ingirió, mismas que le causaron la muerte. Si así fuese, Whitney Houston y, más recientemente, el famoso Prince, no habrían muerto por ingerir pastillas en exceso. Si la fama y la fortuna dieran dicha, esas personas estarían en la cumbre de la felicidad. Sin embargo, parece ser que sus vidas eran miserables. Eran presos de su condición. Y así, podríamos nombrar otros tantos famosos, que si hubiesen sido dichosos, no hubieran recurrido a drogarse hasta morir.

El capítulo 5 del versículo 1 de Mateo en adelante, dice que dicha es tener suerte, ser dichoso. Ahora, desde el versículo 13 hasta el versículo 20, habla acerca de la razón de ser, lo que tú tienes y lo que eres. Desde el versículo 14 hasta el 16 habla de que eres luz; y desde el versículo 17 al 20 te dice quién es Jesús ante la ley mosaica. El versículo 21 hasta el versículo 26 habla acerca de cómo debe uno dominar su temperamento. Y desde el versículo 27 hasta el 30, habla acerca de la fidelidad conyugal.

Desde el versículo 33 al 37 habla acerca de tus palabras, que cuando dices sí, es sí, y cuando dices no, es no. En definitiva, no debes tener dos palabras, no puedes tener dos bocas. Si dijiste que sí, debe ser que sí aquí, allá afuera, en el cielo o en el infierno, dondequiera que lo digas; puesto que cuando tienes que jurar para que te crean, hay problemas... ni tú mismo te crees. Si tienes que hacer un juramento para que te crean, jurar por tu madre, o por tu salud, o por tu hijo, significa que ya ni tú crees en ti mismo. Pero estos versículos te enseñan a tener palabra.

Del versículo 38 hasta el 48 de Mateo 5 habla acerca de cómo se debe tratar a un enemigo. Si le preguntas a alguien cómo se debe tratar a un enemigo, es probable que te responda que "él por allá, y yo por acá", o tal vez, que hay que "cortarle la cabeza" para que deje de existir. Sin embargo, la Biblia no dice eso. La Biblia afirma que a los enemigos hay que amarlos, hay que orar por ellos, hay que ayudarlos.

Por otra parte, el capítulo 6 de Mateo habla acerca de las dádivas. Jesús también habla respecto de la oración, de las riquezas terrenales, de la conciencia y del afán.

Dice que muchas personas viven agonizando en esta vida y no tienen tiempo ni para ellos ni para su familia, ni para su salud. También habla de la oración y de la puerta estrecha.

Además, Mateo 7 desde el versículo 24 al 29 declara:

Cualquiera, pues, que me oye estas palabras, y las hace, le compararé a un hombre prudente, que edificó su casa sobre la roca. Descendió lluvia, y vinieron ríos, y soplaron vientos, y golpearon contra aquella casa; y no cayó, porque estaba fundada sobre la roca. Pero cualquiera que me oye estas palabras y no las hace, le compararé a un hombre insensato, que edificó su casa sobre la arena; y descendió lluvia, y vinieron ríos, y soplaron vientos, y dieron con ímpetu contra aquella casa; y cayó, y fue grande su ruina. Y cuando terminó Jesús estas palabras, la gente se admiraba de su doctrina; porque les enseñaba como quien tiene autoridad, y no como los escribas.

Después que Jesús terminó con el Sermón del Monte (capítulos 5, 6 y 7 de Mateo) dijo: *Cualquiera que pone en práctica lo que yo le acabo de enseñar, lo voy a comprar con un hombre que construyó su casa sobre la roca.* La Palabra de Dios expresada en esta porción del evangelio, puede ser aplicada por todos en muchas áreas de sus vidas. Así en la vida personal como en su economía, su relación familiar, su relación conyugal, su relación amistosa. La Palabra de Dios hay que aplicarla a todas las áreas para tener solidez, para que las relaciones sean encomiables e inconmovibles.

En relación con el hogar, muchas personas no aplican la Palabra de Dios, tampoco en lo que tiene que ver con su matrimonio, ni en lo que respecta a sus finanzas, ni en cuanto a su salud, ni en la relación con sus amistades. Estas personas forjan su salud, su relación amistosa con otros, su familia y su relación matrimonial sobre tierra movediza. Cuando construyes todas tus cosas y todo lo que tiene que ver contigo sobre tierra movediza, vendrá el huracán, vendrá el terremoto y lo va a derrumbar, va a destruir todo.

Por otro lado, si Dios es el centro de nuestra vida; si aceptamos que Jesucristo nos libertó; y que el Espíritu Santo orienta nuestra manera de vivir seguro que nuestra casa y toda nuestra vida estará firme, resistiendo todos los huracanes y todas las tormentas que vengan. Claro, porque fundamos todo ello sobre la Roca que es Dios y su Palabra, que es nuestro fundamento.

8
La autoridad del reino

En referencia a la libertad en Cristo que recibimos y la manera en que vivimos esa libertad, voy a desarrollar cuatro puntos muy importantes:

Primero: Disfruta a plenitud la naturaleza o la creación de Dios. Muchas personas viven un evangelio en el que son presas de prejuicios y religiosidad a un punto tal que no logran disfrutarlo ni vivirlo a cabalidad y eso no solo ocurre con el evangelio, también pasa con la creación y con todo lo que Dios creó, no lo disfrutan, no lo viven.

Segundo: Hay un marco o un perímetro de libertad y bondad que Dios nos ofrece. Hay personas que viven el evangelio como los que habitan un cuartito pequeño, donde solamente caben una cama y una mesita. Viven un evangelio estrecho. No viven a plenitud a Cristo. Sus mentes están llenas de limitaciones. Viven atadas a cosas que son, en verdad, malas; viven atadas pensando en lo malo.

Hay quienes no pueden disfrutar lo bueno porque se la pasan pensando y temiendo caer en lo malo, y así transcurren los años. Cuando a esas personas les oyen hablar o predicar de Cristo, los demás responden: "Pero yo no me voy a meter ahí a esa iglesia, esa gente es aburrida, amargada, atribulada". Porque eso es lo que venden, porque ese es el tipo de evangelio que esas personas viven: un evangelio de limitaciones, de amarguras, de tristezas, de problemas, de fracasos, de lágrimas, de infierno, temiendo al diablo que anda por ahí acechando.

Ese es el tipo de evangelio que muchos predican y viven. Pero el evangelio es más que eso. La Biblia dice que el evangelio de Cristo es gozo y paz en el Espíritu Santo. El evangelio es disfrutar con la familia, salir de vacaciones si se puede, hacer un buen asado con los hijos, salir a predicar la Palabra, gozarte en el espíritu, danzar, hablar en lenguas, comer bien, dormir bien, trabajar, ahorrar, criar la familia, en eso se goza también. ¿Cómo va a ser que vas a estar atado a tres o cuatro cosas que son malas, que están afuera, cuando dentro de la iglesia hay más cosas buenas que las malas que están afuera? El miedo a caer en lo malo no te permite vivir lo bueno que tienes en el evangelio. ¡Es inconcebible!

El capítulo 6 del Evangelio de Lucas narra que cuando los discípulos recogían espigas, los fariseos le dijeron a Jesús: "¿Por qué tus discípulos hacen cosas ilícitas, recogen espigas en día sábado?" Entonces el Señor les reprendió y les dijo: "¿Cómo va a ser? Si tienen hambre tienen que comer, ¿qué importa que sea día sábado? Yo soy el dueño del sábado, Yo soy Señor del sábado. Es más", les dijo: "aquí hay uno que es más que el sábado y que el templo". O sea, el Señor mismo estaba defendiendo a sus propios discípulos para que ellos vivieran. Era día sábado, tenían que arrancar espigas porque estaban hambrientos, de modo que... ¡arrancaran las espigas y comieran!

Tercero: El modelo bíblico debe ser nuestro punto de partida. No importa el argumento de la gente, tienes que decirles: "Vamos a ver lo que dice la Biblia. No, no es como tú digas, la Biblia no dice eso". Tu punto de apoyo debe ser la Palabra, no importan los comentarios de la gente, porque hay algunos que lo que andan es con cuentos de camino; repitiendo cosas que oyeron a terceras personas o a quienes han sufrido una descomposición tremenda. Hay gente que vive repitiendo. Nunca leyeron ni investigaron al respecto, solamente lo escucharon. Tú, ve a la Biblia para que sepas si lo que se dice es así, y que la Biblia sea tu punto de partida, tu punto de referencia. Tu fuente debe ser la Biblia, no lo que diga otro.

Cuarto: Las riquezas de la gracia. Hay riqueza en la libertad en Cristo, en el perdón que Dios nos ofrece, en la misericordia que Dios nos muestra. Es una riqueza para disfrutarla. Sin embargo, hay personas que son como muchos que andan por ahí pidiendo limosnas y en sus países son ricos; tienen mucho dinero y cuentas bancarias. Están parados en una esquina pidiendo una "moneda" (un centavo). Se parecen al hijo del fundador del banco Chase. Los fundadores de ese banco tuvieron un hijo que se fue a Francia a estudiar y, por allá, se gastó toda la fortuna que le dieron. Vivió pasando hambre y pidiendo limosnas, en pobreza, sin dinero, con un papá rico en Massachusetts.

Hay personas que viven así en el evangelio, tiene un Padre poderoso, tienen un Dios rico y viven dando lástima por la calle. No, mi hermano, disfruta la gracia de Dios. La sangre poderosa nos perdonó y nos limpió de todos los pecados, pero todavía hay gente que vive recordando errores que cometieron años atrás. Dios te perdonó, disfruta el perdón, vive el perdón, levanta tus manos, gózate en Dios. Al tú recordar eso, el diablo usan tu mente, jugando con ella, trayéndote memorias de los errores que cometiste décadas atrás, aun cuando Cristo ya te perdonó, cuando ya eres libre. Por tanto, disfruta la libertad, canta, adora, gózate, ríe con tu familia.

> **Algo en lo que Dios se especializa, y se complace, es en hacer cosas que nadie hace en nuestras vidas.**

En el Evangelio de Mateo, capítulo 12, hay una enseñanza poderosa. En los versículos 22 al 25 dice: *Entonces fue traído a él un endemoniado, ciego y mudo; y le sanó, de tal manera que el ciego y mudo veía y hablaba. Y toda la gente estaba atónita, y decía: ¿Será éste aquel Hijo de David? Mas los fariseos, al oírlo, decían: Este no echa fuera los demonios sino por Beelzebú, príncipe de los demonios. Sabiendo Jesús los pensamientos de ellos, les dijo: Todo reino dividido contra sí mismo, es asolado, y toda ciudad o casa dividida contra sí misma, no permanecerá.*

La enseñanza que aparece aquí se basa realmente en lo que es la unidad; sin embargo, cuando analizamos el pasaje a fondo, vemos que Jesús libertó a un hombre ciego y mudo, o sea, con una doble atadura. Cuando el Señor lo sanó, hubo un murmullo, algo así como: "¡Y qué es eso...! Este hombre tiene que ser el Mesías que se profetizó que iba a venir, porque le ha abierto los ojos al ciego; y no hablaba y ahora habla". Eso escandalizó a la gente; todo el mundo se asombró, era algo grande; no se acostumbraba ver esas cosas; no sucedían como esas por allí. Porque realmente algo en lo que Dios se especializa, y se complace, es en hacer cosas que nadie hace en nuestras vidas.

Así que cuando estés esperando que Dios haga un milagro o haga una obra en tu vida, en tu familia, en tu matrimonio, en tu economía, en cualquier sentido o aspecto, no vaciles ni dudes en creerlo, porque eso es lo que Dios hace. Lo que otro no hace es lo que Dios hace. Y aquí encontramos que cuando el Señor hizo el milagro, todo el mundo se asombró y decían: "Esto nunca se había visto, que un mudo y ciego hablase y viera a la vez".

No obstante, es bueno que también sepas lo otro: que siempre habrá personas que envidian lo que recibes o lo que haces. Recuerda lo que dice Eclesiastés (4:4), que *toda excelencia de obras despierta la envidia.* De la única manera que no te van a atacar, que no te van a envidiar, es si estás igual a los demás. Si eres mediocre, si eres parte del montón, si eres igual que todos, si hablas igual que ellos, si vives igual que los demás, si eres un atrasado como el resto de los mortales y si eres un "pelado" igual que muchos, nadie te va a criticar ni nadie te va a envidiar.

Sin embargo, si eres diferente a todos, si te distingues, si hablas distinto, si tienes lo que otros no tienen, si alcanzas lo que los demás no alcanzan y llegas a donde otros no llegan, algo van a decir de ti. Por eso hay muchas personas que no avanzan, porque tienen miedo del qué dirán y prefieren vivir en la miseria, vivir postrados, enfermos, en un rincón, solo para que los demás no murmuren.

¡Qué importa que la gente hable! La gente no te resuelve el problema, ni me lo resuelve a mí. El único que resuelve los problemas se llama Dios. ¿Qué importa que hablen? Si me tiene envidia, no es problema mío, es problema de ellos. Yo no tengo la culpa de que Dios haya querido bendecirme. Tú no tienes la culpa de que Dios te quiera ayudar. Tú no tienes la culpa de que Dios te quiera bendecir. Tú no tienes la culpa de que Dios haya puesto sus ojos en ti, eso no es culpa tuya. Dios pudo haberlos puesto en ellos, pero no quiso ponerlos en ellos, los puso en ti. Solo dile: ¡Gracias!, pero no te atribules, no te preocupes.

Así que el Señor hizo un milagro. Nunca se había visto que alguien sanara a un mudo y ciego a la vez. Los religiosos estaban acostumbrados a su formalismo, a lo mismo de siempre. Aprende esto, que cuando haces algo nuevo que nadie más hace, causas problemas. Ellos estaban acostumbrados a lo mismo de siempre, pero apareció alguien que hizo algo diferente.

Cuando Jesús hizo el milagro y sanó al hombre, le sacó el demonio de mudez y el de ceguera que tenía dentro (el hombre era endemoniado, mudo y ciego), por lo cual los envidiosos murmuraron: "Eso fue Satanás que le dio poder a este". Y dijeron más aun: "Es por el poder que le da Beelzebú que echa fuera a los demonios". Entonces el Señor les aclaró algo que ellos sabían muy bien. Dice el versículo 25 de Mateo 12 que: *Sabiendo Jesús los pensamientos de ellos les dijo: todo reino dividido contra sí mismo es asolado, y toda ciudad o casa dividida contra sí misma no permanecerá.*

Por tanto, les hizo la aclaración: "Ustedes están pensando y diciendo que yo echo fuera los demonios por el poder de Satanás, pero quiero que se den cuenta de que Satanás es más inteligente que ustedes. ¿Saben por qué razón? Porque Satanás no se divide; y ¿saben por qué? Porque Satanás sabe que, cuando una ciudad, o un reino está dividido, se derrumba con facilidad; y cuando una familia está dividida, se destruye fácilmente". Así es que Satanás, aunque lleva división a los hogares, él en sí mismo no se divide. Aprendan eso.

Aun cuando haya división en los matrimonios, haya división en los hogares, haya división en la familia, haya división en los trabajos y el mismo diablo es el que siembra esas divisiones, él con sus demonios no se divide, porque sabe que cuando hay división hay derrota. La gran enseñanza que debemos asimilar es que el que lleva división a las iglesias, a los hogares, a la familia, a los trabajos es Satanás; por eso tenemos que cuidarnos.

Cada vez que sientas que un espíritu de división se está metiendo en tu casa, sea por debajo de la puerta, por un hueco, por una ventana, por una puerta, por el techo, por donde sea, tapa esa ventana, tapa ese hueco, tapa ese techo. Porque lo que destruye a cualquier reino, cualquier hogar, cualquier trabajo, cualquier iglesia, cualquier familia, cualquier institución se llama "división", y el padre de la división se llama Satanás, aunque, fíjense qué cosa, qué paradoja de la vida: él no se divide.

> **El padre de la división se llama Satanás aunque, fíjense qué cosa, qué paradoja de la vida: él no se divide.**

El Señor aprovechó la crítica para ofrecernos una lección de vida. Eso nos enseña que tenemos que luchar por no dividirnos; a toda costa debemos mantenernos unidos. Por ejemplo, una familia puede estar muy bien, muy sólida, y se proponen ahorrar para comprar una casa. Uno trabaja en cierto lugar y el cónyuge trabaja en otro; uno gana cierta cantidad y el otro su salario aparte; uno aporta para determinados gastos mientras el otro aporta para otras cosas y, lo que sobra entre los dos, lo ahorran. Si hacen todo lo anterior de modo organizado, seguro que comprarán la casa.

Sin embargo, si la familia está dividida ¿sabes lo que va a pasar? Uno gasta por un lado y el otro lo hace por el otro. Van a comprar un carro y entonces se van a la venta de autos a ver el que les guste. Uno de ellos dice: "Yo lo quiero rojo", otro alega: "No, yo lo quiero azul"; otro de los miembros de la familia afirma: "No, yo lo quiero beige", mientras que otro dice: "No, yo lo quiero negro"; y así se pasan el tiempo y no compran el carro. Es más, se comen (o gastan) el dinero, no compran el auto y siguen a pie, porque están divididos. No llegan a nada. Eso es lo que la división produce en los que se dejan dividir. Dios nos enseña que el diablo no está dividido pero, en cambio, sí divide a la gente.

Por eso es que insisto en este tema, porque es tan sutil que a veces la gente no lo capta, no lo percibe ni lo nota, hasta que el enemigo cumple su objetivo: destruir a los hijos de Dios. Por eso es que los fariseos y religiosos de la época acusaban a Jesús diciéndole: "Tú estás echando fuera demonios porque usas el poder de Satanás". E insisto enfáticamente, Jesús les respondió: "Tontos, Satanás mismo no va a permitir que otros lo usen a él para dividir a sus demonios, porque él no se divide. Porque Satanás sabe que una casa dividida no permanece, un reino dividido no permanece y él quiere mantener su reino". En consecuencia, la lección que el Señor nos da es que debemos mantener la unidad, no importa lo que suceda.

Sin embargo, veamos lo que dice el evangelista Mateo en el versículo 26 del mismo capítulo: *Y si Satanás echa fuera a Satanás, contra sí mismo está dividido; ¿cómo, pues, permanecerá su reino?* El mismo Jesús que hace este planteamiento responde con énfasis en el siguiente versículo (27) diciendo: *Y si yo echo fuera los demonios por Beelzebú, ¿por quién los echan vuestros hijos? Por tanto, ellos serán vuestros jueces.* Y con ello hace una afirmación, en el versículo 28, que debe haber dejado boquiabiertos a sus detractores: *Pero si yo por el Espíritu de Dios echo fuera los demonios, ciertamente ha llegado a vosotros el reino de Dios.*

Cuán poderoso es este versículo 28, tanto que vale la pena volver a leerlo: *Pero si yo por el Espíritu de Dios hecho fuera a los demonios, ciertamente ha llegado a vosotros el reino de Dios.* Ahora bien, la gran enseñanza aquí es que lo que te da la autoridad para enfrentarte al poder del mal —en todas sus manifestaciones—, es mantenerte bajo el reino de Dios. Yo no sé si entendiste esto. Te lo voy a decir de otra manera: Satanás tiene un reino y la Biblia dice que ese reino no está lejos, está en los aires. Es más, dice que en los aires el diablo tiene su plataforma, como un cuartel militar. Los demonios salen volando a la Tierra a hacer todas las cosas que Satanás desde allá arriba les ordena. ¿Estás entendiendo? Ese es el reino que él tiene, reino que está organizado en rangos; es decir, por jerarquía.

Los demonios son obedientes a Satanás. Así es que, eso quiere significar que su reino, es un ejército organizado y leal; es como una nación, que tiene varios poderes; por ejemplo, el poder judicial, el poder legislativo, etc. Nadie puede atacar ese reino, a menos que pertenezca a otro reino que sea superior. ¿Lo entendiste? Así es que tú, andando por ahí como una golondrina solitaria, no vas a conseguir nada.

Por eso es que muchas personas se apartan del evangelio, de la verdad, del Camino; pero como salen de la iglesia les va mal y el diablo las agarra y las hace un "mapo" o mopa, lo que quiere decir en el argot popular, "que limpia el piso con ellas". Después que están en la iglesia alabando a Dios con fuerza; después que ven que Dios los ayuda, que todo les sale bien, que tienen poder de Dios, y que están venciendo en todo, se sienten listos y "cogen ánimo", al punto que dicen: "Ya yo estoy bien, no necesito nada más de nadie más". Y se van de la iglesia creyendo que les va a ir mejor; pobres, no saben cuáles demonios los están acechando afuera para echarles mano.

Los que se vuelven al mundo tras gozar de las mieles de la iglesia, no pueden con el diablo, ya que este "les da una pela"; porque una cosa es estar en el Reino de Dios y otra es estar fuera. Por eso es que el poder que nosotros tenemos reside en Dios. Sin Dios, no somos nada. Debo decirlo de otra manera: esto, mucha gente tiene que escucharlo, porque muchos están sentados en una Iglesia y dentro de tres, cuatro o seis meses, o un año o dos pensarán salirse de ella, y cuando menos lo crean se irán, creyendo que les va a ir bien después que se salen de la iglesia. Aprendan esto: al que se aparta de la iglesia le va muy mal.

¿Por qué tenemos el poder y podemos hablar así? Porque estamos bajo un reino. Es como, por ejemplo, las mujeres que están en la calle dirigiendo el tráfico. ¿Sabes lo que tienen en su brazo? El sello de policía de la ciudad de Nueva York. Si una mujer policía no tiene su uniforme puesto no vale nada. Tampoco el hombre vale nada, es el uniforme que lleva puesto lo que le da la autoridad. Ese uniforme dice que hay un Departamento de Policía que está detrás del que lo usa. Y ese uniforme dice que hay una Alcaldía que la respalda. Ese uniforme dice que hay un Estado que está detrás de él. Y ese uniforme dice que hay una nación que está detrás apoyando al que lo usa en lo que está haciendo.

> **Estamos en un reino donde el Rey vive en nuestros corazones y es el dueño de todo lo que existe.**

Sin embargo, la misma persona vestida de civil, no puede dirigir el tráfico, los carros le pasarían por encima; puesto que lo que respetan es lo que respalda a la persona, en este caso el uniforme. Lo mismo es con nosotros. Satanás representa un reino, pero nosotros tenemos otro Reino. Él tiene su plataforma, pero nosotros tenemos a Dios dentro de nosotros. Satanás tiene su estrado, sus demonios en las regiones celestes, pero nosotros estamos en un reino en el que el Rey vive en nuestros corazones y es el dueño de todo lo que existe. Así es que si te está yendo bien en la iglesia, sigue en ahí, hermano. No creas que si te apartas, te va a ir bien, porque lo que viene detrás de ti mientras estás en iglesia, lo que está sobre ti mientras estás en iglesia es el Reino de Dios, es el gobierno poderoso del Dios del cielo. ¡Qué tremendo!

El versículo 28 del mismo capítulo narra que Jesús les dijo: *Pero si yo por el Espíritu de Dios echo fuera a los demonios, ciertamente ha llegado el reino de Dios a vosotros.* O sea, ¿sabes por qué caminas y eres libre? ¿Sabes por qué cantas, adoras, oras por los enfermos, reprendes a los demonios y haces cosas sorprendentes? Te voy a explicar por qué caminas, haces y logras cosas; por la sencilla razón de que tienes un Reino. Estás cubierto por algo, tienes una cobertura... y te pueden lanzar todos los dardos que quieran, pero no te llegarán.

El Salmo 91 dice: *Caerán a tu lado mil y diez mil a tu diestra, mas a ti no llegarán.* Te pueden desear todos los males, te pueden echar todas las maldiciones, te pueden echar todas las brujerías, pueden consultar a los mejores brujos, pero a ti no te va a pasar nada, tú tienes a Dios, tienes al Espíritu Santo, estás cubierto con la sangre de Cristo. Nada te pasa, solo lo que Dios quiere y, cada vez que te pasa algo, por más malo que sea, es para que Dios se glorifique, es para que Dios te ayude con algo más grande, pero no porque a otro le dio la gana, sino porque estás bajo de su Reino.

Así que cuando leemos este versículo —en el que el Señor dice: *pero si yo echo fuera demonios con el poder de Dios*— ¿sabes lo que quiere decir eso? Que ya el Reino está aquí en la tierra. Y te lo voy a poner de otra forma: si todavía puedes cantar victoria, si todavía puedes levantar tus manos, alzar tu bandera de victoria, eso quiere decir que el reino de Dios está aquí, ¡y que estás respaldado por un reino poderoso!

En este capítulo 12, en el versículo 29, Jesús continúa planteando sus argumentos y dice: *Porque, ¿cómo puede alguno entrar a la casa del hombre fuerte, y saquear sus bienes, si primero no le ata? Y entonces podrá saquear su casa.* ¿Qué significa eso? El Señor fue muy claro: "Ya yo vine y até al hombre fuerte, y liberté a esa gente; por eso es que estoy saqueando sus bienes". Los que están atados con demonios son bienes de Satanás. Este versículo nos indica que Satanás amarra a las personas y las deja ahí, atadas.

> **Te pueden desear todos los males, te pueden echar todas las maldiciones, te pueden echar todas las brujerías, pueden consultar a los mejores brujos, pero a ti no te va a pasar nada, tú tienes a Dios, tienes al Espíritu Santo, estás cubierto con la sangre de Cristo.**

¿Sabes los millones de seres humanos que están atados por vicios, que no son libres, que no disfrutan la vida, que no disfrutan la familia ni el lugar donde se encuentran? Trabajan pero para otros, no disfrutan el dinero que se ganan. Todo lo que comen les hace daño, viven enfermos, viven destruidos. Hay quienes son casi un cadáver. Personas que desearían ser libres y no pueden, personas que desearían jugar con sus hijos y no pueden ni reírse con ellos. Hay personas que desearían vivir en paz con su mujer; pero han tenido tres y cuatros mujeres y no han podido tener un hogar. Están amarrados, están atados, y Satanás los tiene arrinconados, encarcelados.

Es mucha la gente que anda por las calles que solo son fachadas, son pintura solamente. Se parecen a esos carros que los chocan y después que los arreglan, se ven muy bonitos por fuera; pero por dentro, cuando se lo maneja, están podridos, dañados. Muchos están así, son simplemente fachadas y Satanás los tiene atados. Otros tantos hay que por fuera brillan, como oro, pero en el fondo no son nada; si los ven y se dejan llevar por ellos, sepan que son una trampa. Ellos se visten, se arreglan y se ven de esa manera y tú crees que son personas normales, que están bien, pero descubres que son personas paranoicas, enfermas, que son demonios personificados. Así que si caes en la trampa, es difícil que salgas de ella y, si acaso tú logras salir, viene otro y cae en la misma trampa y así sucesivamente, son millones los que caen en el mismo hoyo. Sin embargo, tú tienes el Espíritu de Dios.

La pregunta del Señor —en el versículo 29: *Porque, ¿cómo puede alguno entrar en la casa del hombre fuerte, y saquear sus bienes, si primero no le ata? Y entonces podrá saquear su casa*—, significa que Cristo entra al territorio donde están las personas atadas con demonios y lo primero que hace es atar al diablo; acto seguido suelta a todos los que estaban amarrados. "Ven tú", le quita el lazo; "Ven tú", le quite el lazo a este; "Ven tú", le quita el lazo a ese otro. La mayoría de nosotros vivíamos atados y Cristo descendió donde estábamos; Cristo descendió al pozo cenagoso. Cristo descendió a la oscuridad, y nos desató. Y nos dijo: "Vete", como le dijo a Lázaro: "Vete en paz hijo" ¡y lo desató!

Sin cejar en su empeño, en el versículo 30, Jesús amplía más su lección y dice: *El que no es conmigo, contra mí es; y el que conmigo no recoge, desparrama.* ¿Qué es lo que Jesucristo quiso decirles? Pues, lo siguiente: "Pongámoslo en claro, porque el que de verdad está de mi lado, de mi lado está; pero el que no anda conmigo está contra mí". No se puede jugar en dos aguas. No se puede estar de aquel lado y de este a la vez. O estamos en este lado o estamos en aquel.

En el evangelio hay que saber en qué lado estamos. Uno no puede estar del lado de Satanás y del lado de Dios al mismo tiempo, uno no puede estar del lado del bien y del lado del mal simultáneamente. Uno no puede estar del lado de lo bueno y de lo malo. O estamos del lado bueno o estamos del lado malo, o estamos del lado de Dios o estamos del lado del enemigo. Hay que estar claros en la posición que asumimos, porque el que no está del lado de Dios, lo que hace es que desbarata, Eso es lo que dice este versículo: *El que no es conmigo, contra mí es, y el que conmigo no recoge, desparrama.*

Ahora bien, ¿sabían que muchos de nosotros queremos ser más buenos que Dios? Queremos estar contentos con la gente. Alegamos: "Y qué bella es, que bonito habla, qué bonito se ríe", pero una cosa es que hable bonito, y otra que esté del lado de Dios, que esté del lado de la verdad, del lado de la justicia, porque no todo lo que brilla es oro.

Al continuar nuestro periplo, vemos que el versículo 31 comienza con un "por tanto", o sea, con una advertencia; diciendo: *Por tanto os digo: todo pecado y blasfemia será perdonado a los hombres; mas la blasfemia contra el Espíritu no le será perdonada.* Y continúa en el versículo 32: *A cualquiera que dijere alguna palabra contra el Hijo del Hombre, le será perdonado; pero al que hable contra el Espíritu Santo, no le será perdonado, ni en este siglo ni en el venidero.*

El Señor hizo esa aclaración a esos religiosos en cuanto a lo que ellos estaban hablando. Y, ¿qué es lo que significa blasfemia? Atribuirle a Satanás lo que es de Dios o atribuirle a Dios lo que es de Satanás es una blasfemia contra el Espíritu Santo. Ellos dijeron que el Señor echó fuera demonios con el poder de Satanás, por tanto, una obra que Dios hizo, ellos se la atribuyeron a Satanás. Por eso el Señor dice: "Hay que tener cuidado con lo que hablas, es más, de mí puedes decir lo que te dé la gana, pero del Espíritu Santo no hables, porque dice aquí, que si blasfemas, no tendrás perdón ni en este siglo ni en el venidero". Y en eso hay que tener mucho cuidado porque hay personas que hablan con ignorancia.

Si no sabes algo, cállate. Si ves a alguien que se mueve, que se sacude y tú no sabes por qué es, quédate callado. Si no tienes discernimiento, quédate callado, no digas nada. Tú ves que alguien brinca o habla en otro idioma y no entendiste ni pizca, no entendiste el gesto, no entendiste por qué hizo esa mueca, por qué hizo ese gesto, quédate callado, no hables, no sea que le estés atribuyendo a Satanás algo que es de Dios. Deja que los que saben de eso, traten con el asunto.

Cuando el Señor habla de entrar a la casa del hombre fuerte y atarlo, nos está enseñando que debemos asumir una actitud de autoridad, porque estamos en el Reino. Te lo voy a ilustrar de otra forma: Después que la policía mató a Amadou Diallo en el Bronx, New York, el Concejo Municipal pasó una ley en la que los policías encubiertos tienen que utilizar algo por fuera que los identifique si van a detener a una persona. Deben tener algo visible que demuestre que ellos están bajo autoridad. Si ustedes ya le sirven al Señor, tienen algo en su ser: tienen un poder.

Es el poder del Reino de Dios que está en ustedes, por tanto, ese poder te da la autoridad para atar. Es un poder que llevas, que tienes, que está sobre ti. Ese poder te respalda, te da la autoridad para atar y desatar. En conclusión, eso que tienes debe hacerte vivir erguido. No me refiero a un orgullo vano, estoy hablando de una autoridad que tú sabes que tienes. Hablo de tener a Dios por delante de ti, por lo que no puedes rendirte ni mental, ni emocional, ni físicamente ante cualquier situación, porque dentro de ti hay poder.

> **Si tenemos que tomar aceite, ungirnos y orar por nosotros mismos, también debemos hacerlo.**

Tengo que explicarles esto, sí, porque tenemos un poder, tenemos una gracia, tenemos una autoridad pero no lo usamos. A veces tenemos que abrir la boca y decir: "Esto no va conmigo porque yo tengo algo grande en mi vida". Tenemos que decirlo con la boca, tenemos que decirlo: "No acepto esto porque tengo algo grande en mi corazón, tengo a Dios en mi vida". Tenemos que decirlo, tenemos que usar esa autoridad. Si tenemos que tomar aceite, ungirnos y orar por nosotros mismos, también debemos hacerlo.

Supongamos que en un hogar hay un espíritu de contienda, de división y de guerra. Tú puedes decir: "No, aquí no puede pasar esto, yo tengo que sacar al diablo de aquí, esta casa es casa de Dios, aquí no puede haber esta contienda". No debes rendirte al problema. Nunca te rindas a los problemas ni a los demonios, ni a los ataques, no te rindas. Pelea hasta la última hora, pelea, porque tienes algo encima de ti; tú tienes alguien que te respalda, tienes al Espíritu Santo de Dios. Y tienes que atar al hombre fuerte, y decir: "Satanás, te echo fuera en el nombre de Jesucristo, tú no tienes parte en mi vida, no tienes parte en mi familia, no tienes parte en mi economía, no tienes parte en mi salud. La sangre de Jesucristo me limpia de todo pecado". Tienes que hablarlo, ¡háblalo, dilo!

Ata al hombre fuerte, átalo. Puedes hacerlo. Es bueno que sepas que desde que dices: "Satanás, te vas en el nombre de Jesús, te echo fuera en el nombre de Jesucristo con la autoridad que me da Dios y que me da su Palabra, y con el poder de la sangre de Cristo que está en mi vida, y con el poder del espíritu Santo te echo", Satanás se va porque tú, con esa declaración estás dando una orden en el mundo espiritual, y tú estás "amarrando al hombre fuerte". Tienes que hacerlo, no seas pasivo delante del mal... no seas pasivo. No vivas una vida así, diciendo a todo lo que pasa "amén", o si todo está bien, ignorándolo. No, no vivas una vida así.

Vive en pie de guerra, dispuesto a pelear con lo que sea. En el mundo espiritual hay que vivir como que si tu hijo se va de la casa y tú sabes que no tiene edad para irse, pero hace sus malcriadeces. Tienes que reprender ese demonio de rebeldía, reprender ese demonio de abandono del hogar y tienes que ponerte fuerte para que digas: "Mi hijo no se va a ir. Señor, ese hijo me lo distes tú, el diablo no se lo va a llevar". Tú tienes que pelear por eso, tienes que reprender al diablo, atar a los demonios y decirle a Satanás que se vaya de tu hogar. En todo hay que vivir así. Amarremos al hombre fuerte, al espíritu malo, al demonio, y saquémoslo de nuestra casa, o de donde esté... ¡que se vaya!

Usa tu autoridad, usa la Palabra de Dios. No te quedes con los brazos cruzados ante lo que Satanás está haciendo; él tiene su reino, pero tú tienes un Reino más poderoso. Aprende a ser aguerrido, a hacer la guerra, la batalla. Tú tienes autoridad para decir: "No lo acepto, esto no va conmigo porque lo que está dentro de mí es grande, lo que está dentro de mí no acepta eso", y verás que Dios te dará la victoria. Dios te va a decir: "Eso era lo que yo quería, que te despertaras, que te levantaras, que usaras lo que te he dado; eso era lo que estaba esperando, que te despertaras, que te pusieras fuerte".

¡Lo que estoy hablando es pura Biblia!

Los perseguidores de Jesús llegaron a hablar contra él y a acusarlo, pero este les contestó con una andanada y los ametralló con palabras de autoridad. Por eso es que hay que conocer la Palabra de Dios, porque es un arma poderosa. Contra todas las cosas malas que se levanten, usa la Palabra y derríbalas. Ellos dijeron: "Él echa fuera ese demonio del mudo y ciego porque usa el mismo poder de Satanás". Pero Jesús les increpó: "Tienen que saber que Satanás es más inteligente que ustedes, que él no va a usarse a sí mismo para echar fuera demonios, él no está dividido". De la única manera que se echa fuera un demonio es cuando entras y amarras al príncipe de los demonios; lo atas y luego entras a su casa y la saqueas".

> **Lo que hablaron sus perseguidores se registra en un solo versículo, pero la intervención de Cristo se extiende desde el versículo 25 al 37. Doce versículos. Significa que ellos hablaron un poquito mientras que Cristo habló por más de media hora.**

Hay algo muy importante que notar. ¿Te das cuenta que sus enemigos solo lo provocaron un poquito, pero Jesús les lanzó una andanada? Necesitas conocer la Biblia para que cada vez que el diablo quiera sacar la cabeza, tengas la Palabra lista para ametrallar al diablo y a sus demonios. Lo que hablaron sus perseguidores se registra en un solo versículo, pero la intervención de Cristo se extiende desde el versículo 25 al 37. Doce versículos. Significa que ellos hablaron un poquito mientras que Cristo habló por más de media hora.

Sabes lo que eso te dice: que tienes que usar la Palabra porque los demonios dicen una sola palabra y envenenan el aire. Es como cuando hablas con un chismoso: le dices una sola cosa y, cuando se va, te deja con el corazón turbado, con la mente preocupada; con una sola cosa que dijo te envenenó la mente. Debes usar la autoridad de Dios; emplear el poder, tener el conocimiento para no dejarte engañar por el diablo. Di: "Dame sabiduría, Dios mío, para no dejarme engañar. Dame sabiduría, Dios mío; dame autoridad para repeler los ataques del enemigo. Te pido la autoridad y el conocimiento de tu palabra para contratacar las tretas de Satanás".

¿Sabes algo? Cada vez que Satanás te ataque, no hables de tu mente, no digas lo que otro te haya dicho; habla lo que has aprendido de Dios, porque la Biblia registra que un hombre quiso atacar a un demonio por una referencia que escuchó, y los demonios se volvieron y le dieron tremenda paliza al pobre infeliz.

Cuando vayas a hablar, habla de lo que has leído, de lo que conoces. No de lo que alguien te haya contado. Habla de lo que tienes en tu corazón. Si eso haces, Satanás lo pensará dos veces antes de intentar atacarte, porque sabe que desde que abras tu boca lo castigarás. ¿Sabes con qué vara se castiga a Satanás y a los demonios? Con la Palabra. Ella es una vara en el mundo de los espíritus, de modo que cuando la utilizas, los castigas. Estoy seguro que al leer este consejo, Dios equipará a los que sufren ataques del enemigo para que cuando surja uno, sepa cómo hablar, qué hacer.

Algunos piensan que va a venir un ángel, que los va ayudar y que les va a dar una mano; pero Dios dice: "No, yo no voy a enviar a ningún ángel. Yo te di mi Palabra, yo te equipé, yo te he dado mi sangre, estás cubierto con la sangre que derramé por ti, te he dado de mi Espíritu Santo, te he dado poder". ¿Sabes lo que es tener la sangre de Cristo que te limpia de todo pecado, tener al Espíritu Santo y tener la Biblia? El que tiene esas tres cosas lo tiene todo. Por tanto, ¡lo tenemos todo!

Cuando no puedes abrir la boca para contestar o decir algo, tienes que decirte en la mente: "Reprendo al diablo". Los que estén alrededor tuyo es probable que no escuchen lo que dijiste, pero en el mundo espiritual se sintió tu oposición a aquello que te quiere atacar. Por eso, si alguien está hablando, criticando y murmurando, lo que tienes que hacer es decir en tu mente: "Enmudece Satanás". Créeme que ganarás. Di en tu mente: "Te ato Satanás, te vas de aquí Satanás, tú no tienes parte aquí". Seguro que se irá. No lo dudes. Como estás bajo un reino y a ti te gobierna el reino de Dios, tendrás control del enemigo.

Cuando tú hablas, algo se mueve. Eso es lo que Dios quiere que entiendas. Dios no quiere que solo digas sí, sí, sí, a todo, sino que examines todo lo que te digan. Analiza todo y ponte en comunión con el Espíritu Santo, y si el asunto no es de Dios, te vas a dar cuenta de inmediato, porque el mismo espíritu que está dentro de ti te va a decir que lo que está impulsando esos improperios no viene del cielo.

Eso es otro espíritu. Es un anatema, un mentiroso, es un espíritu malo, un demonio. Por lo tanto, di solamente: "Te vas de aquí". Cuando lo hagas, asumirás una actitud de guerra. En ese espíritu te pones en comunión con el cielo. Entonces se establece una guerra entre dos reinos. Y, ¿acaso sabes quién gana? Cristo es el triunfador. ¡Es que Él está de tu lado!

9

La confesión

Os digo que todo aquel que me confesare delante de los hombres, también el Hijo del Hombre le confesará delante de los ángeles de Dios; más el que me negare delante de los hombres, será negado delante de los ángeles de Dios. A todo aquel que dijere alguna palabra contra el Hijo del Hombre, le será perdonado; pero al que blasfemare contra el Espíritu Santo, no le será perdonado. Cuando os trajeren a las sinagogas, y ante los magistrados y las autoridades, no os preocupéis por cómo o qué habréis de responder, o qué habréis de decir; porque el Espíritu Santo os enseñará en la misma hora lo que debáis decir. San Lucas 12:8-12

En este capítulo hablaremos acerca de la confesión. Sin embargo, lo primero que tenemos que saber es qué es confesar. Cristo definió ese término con claridad: Os digo que todo aquel que me confesare delante de los hombres, también el Hijo del Hombre le confesará delante de los ángeles de Dios. ¿Por qué dice el Señor eso? Por lo que ello representaba, que era identificarse con Él. Eso era algo muy serio, era reconocer a Cristo y romper con el *statu quo* o lo tradicional. Por ejemplo, decir: "Yo soy de Cristo", cuando otros por quedar bien con los demás y no perder a los amigos no se atreven a decirlo. Por eso es que el Señor dice: "El que tenga el valor, el que tenga la gallardía y el coraje de decir: "Yo soy de Cristo", no importa lo que los judíos digan, no importa lo que el Imperio Romano diga, yo le confesaré delante de mi Padre que está en los cielos".

Si eres capaz de decir: "Yo soy de Cristo, sirvo al Señor, sirvo al Maestro. Amo al Dador de la vida, lo amo, creo en Él. Yo sé que puede salvarme, sé que la vida está en Él, sé que Dios lo envió, que Él es el Mesías"; a todos los que tengan la capacidad, el coraje, la gallardía para decir eso, el Señor dice: "Yo también voy a decir delante de los ángeles: fulano es mío, mengano creyó en mí, zutano me sirve, fulano me ama, está dispuesto a morir por mí".

Ahora bien, ¿qué es confesar? Confesión es el acto de confesar. Confesar es declarar, decir como en Proverbios 18:21: *La muerte y la vida están en poder de la lengua.* Este versículo significa que confesar es producto de la unión de todas nuestras facultades para decir algo voluntariamente, a costa de lo que sea. En otras palabras, que cuando alguien confiesa, está dispuesto a cargar con las consecuencias. El que confiesa está dispuesto a hablar del Señor, no importa lo que le hagan, no importa lo que le digan, no importa lo que le pase.

Veamos algunos detalles. El versículo 8 del pasaje que estamos considerando dice: *Os digo que todo aquel que me confesare delante de los hombres, también el Hijo del Hombre le confesará delante de los ángeles de Dios. A* todo aquel que tenga el valor de confesar a Cristo, Él le corresponderá con el mismo valor e igual gallardía para identificarle como parte suya delante de los ángeles. Con todas nuestras facultades, con el poder de nuestra voluntad, podemos disponernos a declarar que somos de Cristo.

La Biblia dice que Dios creó al hombre a su imagen y semejanza, por lo tanto, una de las cosas en la que se muestra que tenemos esa semejanza es la voluntad. Es lo que llaman el aspecto volitivo del ser humano. La voluntad es un querer, una capacidad, una disposición que tenemos los seres humanos. Cuando Dios sopló aliento de vida en el hombre, una de las cosas que iba en ese aliento se llama voluntad. Una de las cosas que hace que tengamos la imagen y semejanza de Dios, no es solamente el aspecto moral, ni el espiritual, sino ese algo que se llama voluntad.

Los hombres somos los únicos que hacemos casas, fabricamos carros, somos los únicos que hacemos transatlánticos, submarinos, naves espaciales, aviones. Hacemos todo eso porque tenemos algo que se llama VOLUNTAD. ¿Sabes por qué podemos levantarnos y salir a caminar a la calle? Porque tenemos voluntad.

¿Sabes por qué nos levantamos cada día por la mañana y ya tenemos una tarea que hacer? Porque la hemos dispuesto en nuestra mente; es porque tenemos algo que se llama voluntad, la cual es una facultad con la que Dios nos ha equipado, y Dios mismo nos da la libertad para usarla.

¿Sabes por qué vas a la tienda, escoges la ropa que quieres ponerte, eliges el color que te gusta y la combinación que deseas? Porque tienes algo que se llama voluntad. Cuando te combinas bien, o aun cuando escoges la colonia que te agrada, lo haces por algo que se llama voluntad. Si decides quedarte acostado y no levantarte ese día, es tu voluntad la que está en acción. Decides levantarte y no quedarte acostado, también es tu voluntad la que está en acción.

Tener voluntad es una facultad que Dios nos ha dado para decidir y para hacer. Ahora bien, si utilizas esa voluntad, esa capacidad para testificar y confesar, todo tu ser, todo tu cuerpo, todos tus órganos —riñones, páncreas, pulmones, corazón, cerebro— se unen para hablar, para decir, para confesar a Cristo como tu Salvador. Porque de la misma manera en que combinas y escoges el color de la ropa que te vas a poner, también decides decir: "Cristo es mi Señor y mi Salvador".

> **De la misma manera en que combinas y escoges el color de la ropa que te vas a poner, también decides decir: "Cristo es mi Señor y mi Salvador".**

Lo grande de todo eso es que Dios te recompensa por tener esa capacidad y esa facultad; por eso es que el libro de Proverbios dice que *la muerte y la vida están en el poder de la lengua*, es decir, en la confesión. Tú eres el que decides si te declaras en muerte o te declaras en vida. Tú eres el que confiesas que eres parte de la vida que es Cristo o que eres parte de la muerte que es el pecado. Tú eres quien decide hablar de Cristo, testificar de Él, decirle a otro de Él y hablar de Él dondequiera que te encuentres, porque sabes que la vida viene de Él.

Tú eres el que decides. Cada vez que hablas de Cristo estás confesando vida. Cuando hablas de Cristo, la vida fluye de tu ser. Cuando hablas de Cristo, cuando testificas de Él, cuando confiesas a Cristo, estás diciendo: "Yo creo en Él, confío en Él; Él es la vida, lo amo". Es la misma vida de Él que está dentro de ti, que fluye en ti y te hace hablar de Él. Esa vida incide en tu voluntad.

La vida de Cristo es tan poderosa en tu ser, y su obra es tan grande en ti, que no te deja estar callado. Por lo tanto, tienes que hablar de lo que recibiste, de lo que tienes, porque Él hace, Él actúa, Él incide, Él te mueve, Él te toca para que hables de Él. Dios nos da el valor para que podamos hablar de Cristo, testificar de Él y recibir vida de parte de Él. La capacidad que Dios nos da, y la vida que nos brinda, influyen en nuestro ser de manera tal que podemos hablar de Él.

El apóstol Pablo afirma en Romanos 10:9: *Que si confesares con tu boca que Jesús es el Señor, y creyeres en tu corazón que Dios le levantó de los muertos, serás salvo.* Tenemos un poder maravilloso que se manifiesta cuando confesamos. Es bueno que esto lo sepan todos los que se avergüenzan de ser cristianos o evangélicos, o que son cristianos en el templo pero cuando están con los amigos o en el trabajo les da vergüenza decir que son hijos de Dios. Si a una persona no le da vergüenza andar con una cerveza en la mano, o propasarse con una joven que pasa por ahí o fumarse un tabaco de mariguana, ¡cómo me va a dar vergüenza a mí hablar de Cristo! Si a una persona no le da vergüenza que la televisión le enfoque cuando le pongan las esposas y caiga preso por cometer una fechoría, ¡cómo me va a dar vergüenza decir que soy hijo de Dios!

Cuando confesamos que creemos en Jesucristo, la Palabra dice que somos salvos. ¿Sabes el poder que tiene la confesión? Tiene muchísimo poder. ¿Sabes qué significa que tu salvación y tu victoria están en tu propia boca? ¿Sabes hasta dónde Dios nos ha dado facultad y capacidad? Imagínate que alguien se pase toda la vida hablando cosas negativas; él mismo se está enviando lo negativo, él mismo se está condenando. Para mucha gente, todo es tragedia, todo es negativo, todo es lamento y queja, no salen de una y ya les cae otra, porque desconocen el poder que hay en la lengua.

¿Sabes que el solo hecho de que testifiques de Cristo, que hables de Cristo, que lo invoques, significa que Cristo se ve comprometido contigo? Así que, cuando esté delante de los ángeles, Cristo hablará de ti. Cuando hablas de Cristo o cuando testificas de Él, cuando glorificas a Jesús delante de la gente, estás comprometiéndolo para que —en el momento en que esté delante de su Padre y de sus santos ángeles—, te confiese a ti también.

Cuando la gente acudió a Juan el Bautista y le dijo: "Nosotros queremos saber si tú eres el Cristo, dinos"; él les respondió: "Yo no soy el Cristo, solo soy una voz que clama en el desierto. Yo solamente bautizo con agua, pero Cristo es tan grande que bautiza con Espíritu Santo y fuego. Él es tan grande que yo, encorvado, no soy digno de desatar la correa de su sandalia". Es más, cuando Cristo andaba en los alrededores, Juan el Bautista dijo: *He aquí el Cordero de Dios que quita el pecado del mundo.*

Estoy refiriéndome a lo que es la confesión, lo que significa hablar y testificar de Cristo. Cuando Juan el Bautista es encarcelado, este Juan manda un grupo de personas adonde Cristo para que le preguntaran: "Eres tú el Cristo o esperamos a alguien". Entonces Cristo les dijo: "Díganle a Juan que los ciegos ven, los cojos andan, los enfermos son sanados, los muertos son resucitados, y a los pobres les es anunciado el evangelio".

Ahora es Cristo el que habla acerca de Juan el Bautista. Juan había dicho que Cristo era tan grande que él no merecía desatar la correa de las sandalias del Maestro; ahora le toca a Cristo hablar de Juan. Así que dijo: *De cierto os digo: Entre los que nacen de mujer no se ha levantado otro mayor que Juan el Bautista; pero el más pequeño en el reino de los cielos, mayor es que él* (Mateo 11:11). ¿Ves lo que sucede cuando confiesas a Cristo? ¿Ves lo que pasa con tu vida? Entonces Cristo te confiesa a ti, te honra. El Señor nos da el valor necesario para que le confesemos, para que hablemos de Él en medio de un mundo perverso y corrupto.

El poder de ser honrados por el Señor está en nosotros. El que Dios nos honre está en tu boca. "Dios honra su Palabra". En la misma medida en que abres tu boca para confesar y honrar al Señor, Dios abre la suya. Por más alto que podamos hablar por un micrófono y nos oigan en las esquinas, cuando Dios habla y testifica de nosotros, cuando Dios va a honrarnos, no necesita micrófono alguno; sino que con el poder de su Espíritu da testimonio a otros de que hemos sido lavados con la preciosa sangre de su Hijo.

La confesión está en tu boca... todo depende de ti. ¿Cómo quieres usar el poder del verbo que Dios te ha dado, el poder de la boca, del habla? El Señor dijo: "El que me confesare, el que hable de mí, el que no se avergüence de mí, el que tenga el valor de cantarme una alabanza no importa donde esté, el que tenga el valor de testificar de mí aun bajo amenazas, el que esté dispuesto a dar la cara por mí sin importar lo que diga la gente, yo también le confesaré delante de mi Padre".

Estamos acostumbrados a poner atención a lo que diga la gente: "¿Y qué va a decir mi amigo? ¿Y si me entrego a Cristo ahora, qué van a decir...?" Todos los fines de semana salíamos a tomar cerveza y a fiestas pero, ¿qué van a decir ahora? ¿Y qué va a decir mi amiga, fulana, cuando se dé cuenta de que ahora asisto a una iglesia y leo la Biblia? ¿Y qué dirá mi comadre? ¿Y qué dirá mi compadre, el padrino de mi hijo mayor... qué va a decir si en mi casa siempre teníamos fiesta con mucho licor y se dé cuenta de que ahora voy a una iglesia? ¡Qué no hablarán de mí!

La vida de muchos está estancada porque tienen miedo a hablar de Cristo. Se olvidan que solamente hablar de Cristo a quien sea abre puertas, que a la hora que tengas el valor de hacerlo, hay una gracia que se deposita en tu vida. Es como una luz que entra a tu ser, es algo que te ilumina y comienzas a irradiar... hay un poder que empieza a desarrollarse en ti.

El Sanedrín llamó a Pedro y a Juan para informarles: "Decidimos liberarlos de la cárcel, se pueden ir, pero con una condición: que no mencionen el nombre de Jesús por ahí, no queremos que sigan hablando de ese nombre".

Ellos les increparon: "Pero ¿cómo?, ustedes son doctores de la ley, de la Torá y del Pentateuco, por lo tanto tienen conocimiento. ¿Creen justo que nosotros obedezcamos a los hombres antes que a Dios?" Los del Sanedrín contestaron: "No, no, tienen que obedecer a Dios". (Pedro y Juan contestan: Bien.)

> **Dondequiera que te paras a hablar del Señor, todas tus facultades, tu adrenalina, tus órganos, todo tu sistema se altera y tu voluntad se apresta.**

La Palabra dice que ellos hicieron una oración. Cuando elevaron la voz y oraron pidiéndole a Dios respaldo y dándole gracias por la victoria, la celda donde estaban tembló. Así que salieron de la cárcel. Ahora, eso habla del respaldo del Espíritu Santo a aquellos que se disponen a hablar de Cristo, a confesar y testificar de Cristo, no importa lo que suceda. Cuando Juan y Pedro se fueron a casa, les contaron a los hermanos todo lo sucedido.

Si eres uno de esos que se sienten amenazados por el qué dirán; si eres uno de los que son atacados a causa de tu fe; si estás en un ambiente donde el sistema te absorbe, asume el reto de confesar que Jesucristo es el Señor. Él te ha llamado a que confieses su nombre en todo lugar. El Señor quiere que entiendas el poder que hay en tu boca. El Señor te ha llamado para que entiendas la facultad y la autoridad que te ha dado para que hables de Él.

El Señor nos da el valor para que hablemos de Él dondequiera que estemos. Nos da gracia para que testifiquemos de su poder dondequiera que nos envíe. El poder que tenemos es tremendo; dondequiera que te paras a hablar del Señor, todas tus facultades, tu adrenalina, tus órganos, todo tu sistema se altera y tu voluntad se apresta. Cuando vas a testificar de Cristo, el Señor sabe que estás bajo presión; por tanto, el corazón se altera y se agita un poco más, tu sangre corre más rápido por tus arterias y tus venas, pero el Espíritu Santo se pone a tu lado para sostenerte. Todas tus facultades se aprestan a ayudarte para que articules palabras, para que hables acerca de Cristo.

Cuando digas cosas buenas acerca de Cristo, cuando hables del que te dio la vida, del que creó tus riñones, tu páncreas, tu sistema cardiovascular, tus pulmones, del que creó tu lengua, tu boca y tu cerebro, y hables bien de Él, no importa lo que te digan, no importa lo que te vayan a hacer, porque el poder de Él fluye dentro de ti para compensarte, bendecirte, ayudarte y para darte valor. El Señor se halla en el cielo y dice: "Padre, ¿viste el valor que tuvo fulano para hablar de mí y no se avergonzó?"

Los ángeles no saben qué es salvación, ellos nunca han pecado, por lo tanto no necesitan perdón. Jesús les dirá: "Sí, fulano habló de mí y no se avergonzó". Un día nos presentaremos delante del Señor para recibir galardones y recompensas. Allá, el Señor testificará de nosotros: "Os confesaré delante de mi Padre y delante de sus santos ángeles". El valor que tenemos y la facultad de hablar del Señor son gracias a Él.

10
Cómo hacer realidad los sueños de Dios

Todo ser humano tiene sueños. Los sueños impulsan al ser humano. Los sueños nos ayudan a vivir, a conquistar nuevas metas, a enfrentarnos diariamente a nuevos desafíos. Por desdicha, y debido a circunstancias de la vida misma, algunas personas se rinden en el camino abandonando los sueños y quedan sin motivación alguna. Se sienten como si estuvieran muertos en vida, de modo que siguen sus rutinas cotidianas de manera autómata.

En este capítulo quiero enseñar lo que dice la Palabra de Dios acerca de los sueños y las aspiraciones; así como también, las bendiciones de las que disfrutamos cuando tenemos los sueños de Dios.

Conquista tu territorio

En el mundo espiritual, cuando entras a un lugar, de inmediato tomas territorio. Deuteronomio 11:24 dice: *Todo lugar que pisare la planta de vuestro pie, será vuestro.* También en Josué 1:3 dice: *Yo os he entregado, como lo había dicho a Moisés, todo lugar que pisare la planta de vuestro pie.*

Cuando alguien decide comprar un automóvil, por ejemplo, no se acerca al vendedor de autos y le dice: "Yo quiero ese". Lo primero que ese comprador potencial haría es una evaluación visual de todos los modelos de automóviles disponibles, aun de aquellos que no están dentro de su presupuesto. Es interesante saber qué pasa en el mundo espiritual, cuando este individuo mira los automóviles. Se desata algo, porque se encamina al propósito de adquirir aquello que necesita.

Ya tomó una decisión en su mente y ahora va a actuar para alcanzar la meta de comprar ese automóvil. Este individuo se apropia espiritualmente del territorio que pisa. Al seleccionar el auto, busca aquel que se adapta a sus necesidades, a su condición económica, a su estilo de vida, a su preferencia y dice: "Me llevo este". Primero, el individuo tuvo que mirar, porque en el mundo espiritual cuando declaras algo, tomas algo, ves algo y lo reclamas, tomas posesión de ello.

Cada vez que un creyente se desplaza de un lugar a otro, toma posesión de las dimensiones espaciales y temporales en el mundo espiritual que le rodea. Eso ocurre en el trabajo, en el vecindario y dondequiera que el creyente vaya. De esa manera, todo principado de drogadicción, gangas o pandillas, robo, asesinato y cualquier otra fuerza antagónica que esté operando allí (ilegítimamente), el creyente lo invade con su presencia, lo desplaza, lo debilita y lo cancela por el poder de la sangre de Cristo.

La vida de José: El primer sueño

Quiero compartir la enseñanza de Génesis 37:2-8. Es una historia bíblica muy conocida sobre la vida de José y sus sueños, en la cual hay un rema (palabra) de Dios para tu vida.

Este pasaje dice como sigue:

Esta es la historia de la familia de Jacob: José, siendo de edad de diecisiete años, apacentaba las ovejas con sus hermanos; y el joven estaba con los hijos de Bilha y con los hijos de Zilpa, mujeres de su padre; e informaba José a su padre la mala fama de ellos. Y amaba Israel a José más que a todos sus hijos, porque lo había tenido en su vejez; y le hizo una túnica de diversos colores. Y viendo sus hermanos que su padre lo amaba más que a todos sus hermanos, le aborrecían, y no podían hablarle pacíficamente. Y soñó José un sueño, y lo contó a sus hermanos; y ellos llegaron a aborrecerle más todavía. Y él les dijo: Oíd ahora este sueño que he soñado: He aquí que atábamos manojos en medio del campo, y he aquí que mi manojo se levantaba y estaba derecho, y que vuestros manojos estaban alrededor y se inclinaban al mío. Le respondieron sus hermanos: ¿Reinarás tú sobre nosotros, o señorearás sobre nosotros? Y le aborrecieron aun más a causa de sus sueños y sus palabras.

Esta es la explicación del primer sueño: José soñó que estaba en un campo recogiendo espigas juntamente con sus hermanos. El manojo de espigas que José hizo era muy grande, tanto que sus espigas permanecían erguidas, pero los otros paquetes de espigas que amarraron sus padres y sus hermanos se inclinaban ante las de él. El muchacho tenía 17 años, era un poco ingenuo, por eso fue y les contó el sueño en una reunión familiar. Les dijo: "Quiero que sepan que tuve un sueño". Las cosas estaban bien en la familia hasta que el muchacho contó que tuvo un sueño...

> **Mientras los hermanos de José lo envidiaban, su padre lo que hacía era meditar. Los papás no envidian a sus hijos, todo lo contrario, gozan y celebran sus éxitos.**

Aprendí una lección hace algunos años; fue en una convención. Aprendí que los sueños que Dios te da, no se lo puedes contar a nadie a menos que el Espíritu Santo te dé permiso. Hay cosas que Dios te revela que son para ti y son tan grandes, que si se lo cuentas a otro, y ve lo grande que es la bendición que te espera, en vez de decir: "Voy a orar por ti para que Dios te ayude a hacer ese sueño realidad", lo que hace es envidiarte... Se maravilla de lo que Dios te revela que te dará y de cómo te va a ayudar; entonces, compara su situación con la tuya y dice: "Pero Dios mío, y yo que he esperado tanto una bendición así, y no me la has dado ni me prometes hacerlo". A partir de ahí, te ganaste un enemigo.

Los sueños y las revelaciones que Dios te da, guárdalos, consérvalos y cuéntaselo solo a quien el Espíritu Santo te autorice. Eso es así, porque hay quienes no tienen la capacidad de ver lo que tú ves, ni tampoco tienen la capacidad para entender lo que tú entiendes. Así ocurre con José, que tiene un sueño y se lo cuenta a la familia; a partir de ahí, se ganó la enemistad de sus hermanos.

La vida de José: El segundo sueño

A continuación me voy a referir al segundo sueño que tuvo José. El pasaje bíblico se encuentra en Génesis 37:9-11 y dice de la manera siguiente: *Soñó aun otro sueño, y lo contó a sus hermanos, diciendo: He aquí que he soñado otro sueño, y he aquí que el sol y la luna y once estrellas se inclinaban a mí. Y lo contó a su padre y a sus hermanos; y su padre le reprendió, y le dijo: ¿Qué sueño es este que soñaste? ¿Acaso vendremos yo y tu madre y tus hermanos a postrarnos en tierra ante ti? Y sus hermanos le tenían envidia, mas su padre meditaba en esto.*

José soñó que el sol y la luna (que representaban a su papá y a su mamá) y las estrellas (que representaban a sus hermanos), se inclinaban ante él. Su padre le dijo: "Pero muchacho, ¿qué es lo que te está pasando últimamente, porque hace unos días me contaste un sueño y ahora estás diciendo como que tus hermanos, tu mamá y yo vamos a arrodillarnos delante de ti?" De este pasaje bíblico aprendemos que los padres son tremendos (en el buen sentido de la palabra). Mientras los hermanos de José le tenían envidia, su padre lo que hacía era meditar. Los papás no envidian a sus hijos, todo lo contrario, gozan y celebran sus éxitos.

Así queda demostrado que no todo el mundo nos entiende. Aunque salgamos de las mismas entrañas, del mismo vientre (como es el caso de hermanos con los mismos padres biológicos) eso no garantiza que nuestros hermanos sean receptivos ni que nos vayan a entender en todo. Ni siquiera en el caso de gemelos idénticos, procreados por el mismo esperma y en el mismo óvulo, se garantiza que uno va a entender a cabalidad los sueños y aspiraciones del otro.

Lo que quiero significar es que la otra persona no va entender lo que Dios te ha dado, ni lo que Él tiene para ti, porque así como la salvación es individual, las bendiciones también lo son. Por eso es que cada quien tiene que pelear y buscar su propia bendición. Hay personas que se recuestan en la bendición y en la relación que otro tiene con Dios; es decir, dependen de lo que otros puedan hacer por ellos; viven pidiendo que les ayuden en oración; pero muchas veces no se arrodillan a orar y a pelear su bendición. Deben entender que a aquel, Dios le dio su revelación, su sueño, su bendición y cada quien individualmente tiene que buscar la suya.

No todo el mundo tiene la capacidad para entender los mismos niveles de revelación. Hay cosas que son demasiado grandes para uno y otras que son muy pequeñas para otros. Hay experiencias que Dios te revela, que cuando se las dice a otro, el otro se sorprende y dice: "¡Oh!, yo no sé cómo él puede con eso". La explicación es que tú tienes la capacidad para recibir esa revelación y hacer lo que Dios te ha indicado que hagas. Sin embargo, otro individuo podría decir: "¡Ah! eso no es nada, eso yo lo vivo", porque está a tu mismo nivel de revelación.

Soñar despierto

Hay una enseñanza más que quiero compartir con los lectores y es que los sueños de Dios se experimentan despierto. Cuando estás despierto, Dios te deja ver cosas y trae pensamientos a tu mente. En la meditación, Dios revela su corazón. Esto es, cuando estás despierto, leyendo la Palabra, con tus ojos cerrados también meditas en lo que has leído.

No tienes que estar dormido para tener sueños y revelaciones, solamente debes tener un corazón descansado. Uno sueña cuando está durmiendo en la vida biológica, en lo natural. Dormirse significa descansar. Entiendan este juego de palabras: ¿Cuándo es que se sueña? Cuando uno está durmiendo. ¿Qué es lo que significa dormir? Ir al descanso; entonces en lo que respecta a la vida de relación con Dios, puedes soñar despierto cuando descansas en Él.

Es lo que en inglés se llama "day dreaming"; cuando visualizas algo que anhelas. Eso no es perjudicial, a menos que la persona se quede en ese estado de fantasía y no vuelva a la realidad para tomar las medidas necesarias que le permitan llevar a cabo ese anhelo. Alguien dijo que "es mejor vivir soñando despierto que estar dormido". Cuando te duermes, te relajas; eso te permite soñar acerca de lo que es físico. Hay algo de biológico también en el sueño. Si lo consideramos desde un punto de vista neurológico, cuando el individuo duerme, el cerebro está tranquilo y, en ese estado, procesa toda la información que ha recibido durante el día.

Eso ocurre en una etapa del sueño que se llama "Rapid Eye Movement" (REM, por sus siglas en inglés), y en realidad no es más que sueño profundo. Todo lo que hiciste o aprendiste se registra en el cerebro cuando estás en esa etapa de sueño profundo. Es ese descanso lo que Dios aprovecha para traernos un sueño, porque a veces estamos tan entretenidos con las tareas del día y los afanes de la vida, que Dios quiere mostrarnos algo pero nosotros lo bloqueamos, puesto que nuestra mente está muy ocupada. Eso explica por qué en el momento que nos vamos al descanso nocturno, Dios viene y habla a nuestra vida y nos dice lo que quiere de nosotros, revelándonos muchas cosas en sueños.

Soñar dormido

Es bueno saber lo que dice Job 33:15, 16: *Por sueño, en visión nocturna, cuando el sueño cae sobre los hombres, cuando se adormecen sobre el lecho, entonces revela al oído de los hombres, y les señala su consejo.* En este pasaje bíblico, se nos revela lo siguiente: 1) Dios habla por medio del sueño cuando el hombre está en su descanso o meditando en Él. 2) Dios también habla cuando el hombre está pasando por una tribulación. Job expresa que hay tribulaciones por las que el ser humano pasa en las que es como si fuera el mismo Dios quien estuviera hablando a nuestra vida, a través de esa prueba.

Pero también quiero destacar que Dios habla a través de sueños. A muchas personas les ha hablado mediante sueños. El único problema es que sueñan algo y se les olvida, y luego —cuando están pasando por la experiencia— dicen: "Ah, esto me parece tan familiar, creo que lo soñé, parece como si yo hubiese estado aquí anteriormente; me parece que ya había visto a esta persona". Hay otros que afirman: "A mí me parece que ya había escuchado esta conversación".

A veces los sueños tienen contenido profético; ese fue el caso de José. Dios le reveló en sueños lo que le iba a acontecer en el futuro. En ese sueño le dejó ver el propósito que tenía para su vida. A muchos de nosotros nos ha pasado eso, porque Dios habla a través de sueños, a través de visiones y revelaciones.

Esa es una de las promesas que aparecen en el libro de los Hechos 2:17: *Y en los postreros días, dice Dios, derramaré de mi Espíritu sobre toda carne, y vuestros hijos y vuestras hijas profetizarán. Vuestros jóvenes verán visiones, y vuestros ancianos soñarán sueños.* Y en ese mismo sentido, encontramos la profecía en Joel 2:28: *Y después de esto derramaré mi Espíritu sobre toda carne, y profetizarán vuestros hijos y vuestras hijas; vuestros ancianos soñarán sueños, y vuestros jóvenes verán visiones.*

Los sueños de Dios

Es bueno que nos preguntemos: ¿Qué sueño tiene Dios para mí? ¿Cómo me doy cuenta de que lo que estoy soñando tiene que ver con mi misión en esta tierra? No siempre uno se da cuenta de que lo que se está soñando tiene que ver con la misión de uno en la tierra, es con el transcurrir de los años que uno lo capta.

Toda decisión o acción que se toma en el presente, necesariamente tiene implicación en nuestro futuro. Cuando los hermanos de José se reencontraron con él, siendo este el gobernador de todo Egipto, conversaron: "Ese es José, nuestro hermano, nos va a matar. Recuerden que nosotros lo vendimos, le dijimos a nuestro padre que estaba muerto, que una fiera lo había devorado". Sin embargo, José les dijo: "No tengan miedo, por un propósito Dios me trajo aquí". Los demás nunca entienden tus sueños, pero Dios te revela la razón de tus sueños.

Habían pasado años. Los hermanos de José estaban temerosos, mientras José estaba seguro, porque había entendido el propósito de Dios con su vida. Sus hermanos recordaban perfectamente el incidente de hacía tantos años, cuando vendieron a José como esclavo. Génesis 37:19-35 registra el relato: Y *dijeron el uno al otro: He aquí viene el soñador. Ahora pues, venid, y matémosle y echémosle en una cisterna, y diremos: Alguna mala bestia lo devoró; y veremos qué será de sus sueños.*

Así fue como empezó la tribulación de José. Luego fue a la cárcel por diez años y de ahí en adelante su modo de actuar bajo la voluntad de Dios hizo que se convirtiera en el gobernador del Imperio Egipcio. Hay gente que nunca va a entender lo que tú estás pasando. Hay gente que hace cosas para perjudicarte pero, en realidad, no saben que es un favor lo que te están haciendo. A ese tipo de personas Dios los usa como puente por el cual debes cruzar para que su propósito divino se cumpla en tu vida. En vez de maldecirlos, hay que bendecirlos y agradecerles. José tenía 17 años cuando Dios le dio un sueño, pero tenían que pasar muchos años antes de que esa profecía se cumpliese.

La Biblia relata que transcurrieron 30 años y el muchacho ya era un hombre maduro y se había convertido en el gobernador de Egipto, justamente en la época en que había una hambruna que estaba azotando al mundo.

La familia del muchacho creía que él había muerto, pero el que se había perdido estaba vivo porque Dios le había preservado la vida a fin de llevarlo a una posición de poder y autoridad, desde la cual sería útil a una nación completa.

> **Dios tiene sueños, todos los sueños que nosotros podamos soñar, todos los sueños que tienen la finalidad de bendecirnos y ayudarnos.**

Dios te revela lo que va a hacer contigo, Él no te deja a ciegas, no te deja a la casualidad; todo lo que Dios tiene para la vida de sus hijos ya está predeterminado, calculado, predicho y preestablecido por Él. Es cierto que se pasan pruebas y tribulaciones, pero eso es parte del proceso; y el mismo Dios del cielo preserva la vida de esa persona hasta que alcance su destino profético y cumpla con la misión que le ha encomendado. Solamente falta que tengamos una mente y un corazón dispuestos para soñar los sueños que son de Él.

Quiero e nfatizar que cuando sueñas los sueños de Dios, Él te revela sus anhelos. Hay personas que tienen aspiraciones, que tienen ambiciones, pero solamente son para satisfacer su ego; nunca para cumplir el propósito y el plan de Dios en su vida. Dios le dio a José ese sueño porque quería prepararlo para una gran misión que debía cumplir en la tierra. Dicho de otro modo, cuando Dios te revela algo, cuando Dios te pone algo en el corazón, cuando Dios te hace entender algo, no es para ti solamente, sino que también se van a beneficiar todos los que estén a tu alrededor.

Una manera de explicarlo mejor es si tomamos en cuenta que Cristo vino a la tierra pero no para ser servido, no para engrandecer su ego, sino para servir al mundo y que este fuera salvo por medio de su sacrificio en la cruz del Calvario. Jesús vino a cumplir los deseos de su Padre y, al llevarlos a cabo, toda la humanidad se benefició; desde los discípulos que caminaron y ministraron con Él, hasta nosotros en pleno siglo veintiuno, y todo aquel que sigue creyendo en Jesucristo, en su poder para salvar, para sanar y en su promesa de vida eterna.

Dios tiene sueños, todos los sueños que nosotros podamos soñar, todos los sueños que tienen la finalidad de bendecirnos y ayudarnos. Es Dios quien los pone en nosotros. Lo más lindo en la vida es que uno pueda soñar, no sus propios sueños, sino los de Dios. Cuando aprendemos a soñar los sueños de Dios, eso nos hace más fructíferos y más prósperos; porque estamos viviendo el anhelo de Dios. Puesto que los sueños de Dios son su anhelo.

Dios tiene una manera maravillosa de presentarnos y ayudarnos a ver sus sueños. He escuchado a varios predicadores decir que no todos los sueños son de Dios, desde luego que no. ¿Cómo vienen los sueños? Alguien dijo que una manera sencilla de ilustrar los sueños, es recurriendo a un "Iceberg":

Cuando un témpano de hielo está en medio de una corriente de agua y las olas se retiran, este se descubre y se le ve la parte inferior, lo que esta abajo parece una roca gigante. Cuando las olas se retiran, se puede ver todo el témpano; de esa misma manera operan los sueños en nosotros. Cuando las olas vuelven y lo cubren, entonces hay una parte del témpano de hielo que uno no puede ver.

Lo explicaré de otra manera: Cuando uno está en sus afanes, hay cosas que van a suceder, que Dios va a hacer con nosotros, o que están sucediendo, y no las entendemos, no las vemos. Pero cuando vamos al descanso físico, cuando nos acostamos, entonces es como cuando las olas se retiran y Dios nos permite que veamos lo que está en el futuro; y lo vemos a través de los sueños. De esa manera se ilustra y se enseña cómo Dios habla a través del sueño. Nosotros, como hijos de Dios que somos, tenemos que aprender a soñar los sueños de Él.

Ahora bien, lo que quiero decir es que debemos soñar los sueños de Dios, porque siempre van ligados a nuestro destino profético y a nuestra labor con el prójimo. A veces estos sueños son para advertencia, para sanar y restaurar. En otras palabras, cuando Dios da un sueño, cuando Dios da una revelación, ese sueño y esa revelación están estrechamente ligados. Yo no me refiero a cuando soñamos cualquier cosa, no. Me refiero a cuando soñamos los sueños de Dios, porque son proféticos. Conozco a una persona que cada vez que sueña con una vaca, con un toro o con un becerro es porque le viene una prueba, un ataque. Conozco a esa persona muy bien; y cuando le pasa el problema me dice: "¿Recuerdas que te lo dije, el sueño que me tuve?"

Aprendan esto queridos lectores: 1) Los sueños de Dios están ligados a nuestro destino, porque el mañana lo desconocemos, pero Dios sí lo conoce. Como Dios sabe nuestro mañana y nosotros le pertenecemos, Él nos lo deja ver, nos lo revela, nos mueve. Cuando uno descansa es como si Dios corriera una cortina y te revela lo que está detrás.

Lo que está detrás de esa cortina puede que corresponda a mañana, o a la próxima semana, a un mes, a un año, a 20 años y hasta puede que se cumpla en tu próxima generación; como sucedió con Abraham. Pero lo importante es que Él siempre cumple sus promesas. Dios en su misericordia y su bondad te está revelando lo que está detrás de la cortina. Te lo digo de otra manera: cada vez que sueñas algo, Dios está corriendo el velo para que veas lo que hay en el futuro.

Podrías preguntarte por qué te estoy explicando esto. Te respondería que ciertamente, yo sé que muchas personas tienen sueños, pero no son los sueños de Dios. En la lista de tus sueños, incluye también los de Dios. Ahora bien, la pregunta sería: ¿Cuáles son los sueños de Dios?

¿Cómo puedo diferenciar mis propios sueños de los de Él? Aquí está la respuesta: Los sueños de Dios no solo tienen que ver con tu destino, tienen que ver con el trato con tu prójimo.

Siempre vas a soñar de dos maneras: 1) La que tiene que ver con la gente que te rodea y 2) La que tiene que ver con tu mañana, tu futuro. Cuando sueñas con la gente que te rodea, Dios te está guiando a aprender a tratarlos de acuerdo a las circunstancias. Si es en tu trabajo, o en cualquier ambiente donde te desenvuelvas, te dirige a usar apropiadamente los medios con los que cuentas.

Dios te abre los ojos, es decir, te crea consciencia. Muchos sueños ni los entendemos, ni les hacemos caso, pero a otros sí les prestamos atención.

Los sueños que tienen que ver con tu destino están relacionados a tus planes, tus aspiraciones y anhelos. Por lo general, tenemos muchos planes y cuando los comparamos con los de Dios, nos damos cuenta de que están muy distantes. Miramos los sueños nuestros versus los de Dios y no tienen puntos en común. Por eso se nos hace tan difícil alcanzar las metas, porque las que nosotros humanamente nos trazamos, nunca marchan acorde con las que Dios tiene en su corazón.

Dios es quien sabe qué es lo más conveniente para ti, porque tiene el control de tu destino. Nunca te dará algo que sea perjudicial para tu vida espiritual. Cuando nos encaminamos a la realización de los sueños de DIOS, estamos predestinados a triunfar, porque Él es quien sabiamente nos dirige hacia nuestro destino profético, hacia lo que había predestinado para tu vida y la mía desde antes de la fundación del mundo. Por eso es importante que puedas soñar los sueños de Dios, no lo que tú quieras, sino lo que Dios quiera para ti. Cuando José tuvo los sueños, solamente era un joven de 17 años. Esos dos sueños no eran producto de su imaginación, ni de sus aspiraciones mezquinas y egoístas. No fue él que se los inventó; sino Dios quien los puso en su mente.

Para que podamos asimilar y entender los sueños de Dios, una de las cosas más bellas sería que Dios nos enseñara, nos guiara a saber cuáles son los sueños de Él. De vez en cuando deberíamos decirle: "Señor, enséñame lo que quieres de mí. Señor, mi futuro está en tus manos.

Señor, descansaré en ti, esperaré en ti". Porque cuando uno puede descansar en Dios, y esperar en Él, todo es favorable. Deberías entregarte a Dios, sin importar que otros consideren que eres un ingenuo, y te digan que eres un tonto. Quédate tranquilo, no importa lo que te digan, tú sabes en quién has creído. Tú sabes que los planes que tienes no son tuyos, sino que Dios los puso en tu corazón y en tu mente.

Cuando Dios revela algo, no es para ti solo, sino para tu prójimo, para su pueblo; porque lo que Dios te revela es un don, es una gracia y los dones no son propiedad de nadie, sino es Dios quien los da. Está abriendo la cortina para que tú veas su corazón. En cada sueño de Dios está revelado su corazón y su plan.

Hay cosas que Dios tiene reservadas para ti. Solamente espera que prepares tu corazón y descanses en Él; de modo que Él se pueda revelar a tu vida. La gran pregunta que deberíamos hacerle es: "Señor, ¿Qué es lo que quieres para mí?, ¿Qué es lo que tienes para mí? Si hacemos esas preguntas tendremos la dirección del Espíritu Santo. Cuando Dios te revela su corazón, te está guiando. En mi caso particular, le doy gracias al Señor porque ya me dijo lo que va a hacer conmigo. De modo que cuando Dios te da una profecía, solo debes caminar en esa dimensión con seguridad y con fe, pues ya sabes lo que Dios va a hacer contigo. Dios abre el telón y revela su corazón a tu corazón.

De manera que José soñó que iba a ser grande. Dice un exégeta que iba a ser preeminente o que iba a estar en preeminencia; pero él no iba a ser grande para pasear ante todos su ego o para satisfacer sus propias necesidades. Una forma de ilustrarlo políticamente seria diciendo que el gobernador tiene esa posición, pero no es para gobernarse él, sino para gobernar el Estado, dentro de la jurisdicción que le corresponda. El alcalde se estrenó como alcalde, pero no es alcalde para él mismo, sino para la ciudad. Así es que cuando Dios te muestra algo, te revela algo y sueñas algo, te lo está revelando para que entiendas los planes que Él tiene para contigo: servir a Él y a los demás.

Anhela los sueños de Dios

No importa lo negativo que se haya dicho de ti, debemos decirle al Señor: "Yo confío en ti, descanso en ti". No importa que falte dinero, debemos declarar: "Señor, descanso en ti". No importa el diagnóstico de los médicos, Dios quiere que declaremos: "Señor, descanso en ti".

Cuando descansas en Dios y confías en Él, entonces Él abre la cortina y te dice: "Como depositas sobre mi tus cargas, déjame revelarte lo que tengo para ti". Solamente los que descansan en Dios pueden descubrir y abrir el cofre del tesoro del Señor. Es un cofre que está lleno de riquezas espirituales para disfrutar en el cielo y riquezas materiales para disfrutar aquí en la tierra; porque el cristiano está llamado a vivir en bendición, ¡se lo merece! La miseria no es de Dios. Si el Padre es rico, los hijos también deben serlo.

Hay personas para las cuales Dios tiene muchos regalos y sorpresas. Hay tantas bendiciones para ellos, pero como son unos desesperados, no le dan lugar a Dios para que les revele lo que tiene para ellos. Al descansar en Él, veremos suceder cosas grandes en nuestras vidas, experiencias que caen en el dominio de lo sobrenatural.

Todos nosotros llevamos una vida mezquina; siempre tenemos muchas necesidades que satisfacer, siempre estamos angustiados, pensamos que se nos va a ir la vida y que vamos a perderlo todo; pensamos que nos vamos a quedar en bancarrota cuando las finanzas no andan bien y creemos que nos vamos a morir.

> **Los sueños de Dios nunca son "para mí". Los sueños de Dios son eternos, los sueños de Dios afectan nuestra eternidad.**

Ante tantos pensamientos y presagios negativos, ¿cómo vamos a vivir si todos los sueños que estamos buscando son egoístas, es decir, "todo para mí"?

Los sueños de Dios nunca son "para mí". Los sueños de Dios son eternos, los sueños de Dios afectan nuestra eternidad. Los sueños de Dios no son para que compres una libra de habichuelas, una libra de arroz y comer mañana. No, porque si te los comes, se te van a acabar y continuarás con las mismas necesidades. Los sueños de Dios son para proveerte para mañana, pasado mañana y aun después de que te mueras. Lo que Dios te revela, no te lo revela para ti solamente, sino para los hijos tuyos, para tus nietos, para tus biznietos. Cuando te mueras, ellos van a seguir tu legado. Lo que Dios te muestra es para ellos también, porque Él no piensa solamente en ti, sino en tu futura generación. Nuestra vida de mezquindad nos hace pensar en nosotros, por lo que nunca pensamos en los que vienen detrás. Pero Dios quiere decirte que tiene cosas que revelarte, cosas que trascienden tu presente, que se establecen en tu futuro.

Por último, quiero decirte que hay personas que duermen con una libreta al lado de su cama, con la intención de anotar cualquier revelación que Dios les da. En ese momento dicen: "Aquí hay algo de parte de Dios, quizás yo no lo vea ahora o mañana, pero aquí hay algo". Te invito a hacer lo mismo. De ahora en adelante, escribe aquellos sueños y revelaciones proféticas que Dios te da. Dios te bendiga.

11
Lo que pasa cuando clamamos

En Éxodo 15 aparece el salmo cantado por Moisés cuando Israel acababa de cruzar el Mar Rojo:

Entonces cantó Moisés y los hijos de Israel este cántico a Jehová, y dijeron: Cantaré yo a Jehová, porque se ha magnificado grandemente; ha echado en el mar al caballo y al jinete. Jehová es mi fortaleza y mi cántico, y ha sido mi salvación. Este es mi Dios, y lo alabaré; Dios de mi padre, y lo enalteceré. Jehová es varón de guerra; Jehová es su nombre. Echó en el mar los carros de Faraón y su ejército; y sus capitanes escogidos fueron hundidos en el Mar Rojo. Los abismos los cubrieron; descendieron a las profundidades como piedra. Tu diestra, oh Jehová, ha sido magnificada en poder; tu diestra, oh Jehová, ha quebrantado al enemigo. Y con la grandeza de tu poder has derribado a los que se levantaron contra ti. Enviaste tu ira; los consumió como a hojarasca. Al soplo de tu aliento se amontonaron las aguas; se juntaron las corrientes como en un montón; los abismos se cuajaron en medio del mar. El enemigo dijo: Perseguiré, apresaré, repartiré despojos; mi alma se saciará de ellos; sacaré mi espada, los destruirá mi mano. Soplaste con tu viento; los cubrió el mar; se hundieron como plomo en las impetuosas aguas. ¿Quién como tú, oh Jehová, entre los dioses? ¿Quién como tú, magnífico en santidad, terrible en maravillosas hazañas, hacedor de prodigios?

Este capítulo es una alabanza. Dice Moisés: *Cantaré yo a Jehová, porque se ha magnificado grandemente; ha echado en el mar al caballo y al jinete* (v. 1). Cuando Moisés entona esta alabanza dice que canta a Dios porque se ha magnificado. Este versículo me lleva a la Segunda Carta de Pablo a los Corintios, capítulo 12. Si no hay una situación grave, Dios no se magnifica. A veces queremos que Dios haga algo grande pero Él dice: "Bien, haré algo grande, pero tiene que haber un problema para hacerlo".

La Segunda Carta a los Corintios, capítulo 12, dice que Pablo tenía un aguijón en la carne y tres veces le había orado a Dios que se lo quitara, pero Dios le dijo: *Bástate mi gracia: porque mi poder se perfecciona en la debilidad.* Te lo digo en otra manera, los problemas, las debilidades y los conflictos son la materia prima que Dios usa para trabajar. Es duro decirlo, pero está escrito en la Biblia.

La materia prima para Dios engrandecerse en nosotros y hacer prodigios en nosotros, son las necesidades y los conflictos. El saber que cualquier situación en nosotros es la materia que Dios usa, nos da seguridad y fortaleza. Cuando Dios ve una situación difícil, conflictiva, en nosotros, dice: "Eso era lo que yo estaba esperando porque con eso es que me voy a engrandecer en la vida de él".

Cantaré yo a Jehová, porque se ha magnificado grandemente; ha echado en el mar al caballo y al jinete (Éxodo 15:1). ¿Qué significa la palabra magnificar? Magno significa grandeza, grande. Moisés está diciendo: "Yo le voy a cantar a Dios porque se ha engrandecido en mi vida". Quiero que sepan una cosa, Dios constantemente está haciendo cosas poderosas, se está engrandeciendo en nuestra vida.

> **La Biblia dice que hay tiempo para todo, hay tiempo para orar, pero también hay tiempo para actuar.**

Ahora bien, ¿cuándo fue que Moisés cantó eso? Cuando salían de Egipto, que Faraón venía detrás de ellos. Cuando llegaron al Mar Rojo, dice la Biblia que, antes de entrar al agua, el pueblo gritó: "Moisés, ¿por qué nos trajiste a esta situación?" Entonces Moisés comenzó a clamar a Dios, y Dios le dijo: "No clames a mí". Hay una enseñanza tremenda aquí. Moisés iba a orar y Dios le dijo que ese no era tiempo para orar, no clames a mí. Porque la Biblia dice que hay tiempo para todo; hay tiempo para orar, pero también hay tiempo para actuar.

La Biblia dice que cuando Moisés iba a clamar, Dios le dijo: "No me clames, usa la vara que está en tus manos". Entonces Moisés usó la vara que tenía en las manos, la extendió, el Mar Rojo se abrió y el pueblo cruzó en seco. Esta descripción está en este cántico de Moisés.

El versículo 2 de este pasaje dice: *Jehová es mi fortaleza y mi cántico, y ha sido mi salvación. Este es mi Dios, y lo alabaré; Dios de mi padre, y lo enalteceré.* Cuando dice que "Jehová es mi fortaleza y mi cántico", se refiere a que Dios es la inspiración de mis alabanzas. Yo creo que los cristianos deberíamos dejar de estar cantando los mismos cánticos y, de vez en cuando, inspirarnos y componer nuevas canciones. Dios hace muchas cosas en nosotros, como para que broten otras canciones nuevas de nuestros corazones. Aunque otros no lo crean ni lo entiendan, no importa, canta algo de lo que Dios ha hecho en tu vida. Es bueno que sepan que la mayoría de los salmos o casi todos, son canciones que se compusieron en medio de situaciones adversas.

Es como cuando alguien escribe una canción de amor, que su amor se fue, que lo dejó. Escribe su canción inspirado en su despecho amoroso. Todos hemos escuchado esas canciones de amargura. Así son los compositores, viven una experiencia y de ella escriben una canción. O también cuando les relatan una experiencia de otra persona, con esa narración componen una canción. Eso significa que tú puedes componer tu propia canción, porque son muchas las experiencias que vives con Dios. Es más, cualquiera puede entrar a la cocina de tu casa y escuchar el cantar, y decir: "¿Qué es lo que está cantando ella? Yo nunca he escuchado esa canción". Es que es una inspiración que ha llegado en ese momento para cantarle algo nuevo a tu Dios. Dios es nuestra inspiración.

> **Si ves que estoy vivo todavía después de tanta gente desearme mal, no es por mis habilidades, ni por mis relaciones, ni por mis contactos, sino por la misericordia y la bondad de Dios.**

Jehová es mi fortaleza y mi cántico, y ha sido mi salvación. Moisés ya estaba del otro lado del mar, ya había cruzado el problema, estaba a salvo. Por eso dice: "Y ha sido mi salvación". Si estoy aquí, no fueron mis fuerzas que me salvaron sino Dios. Si me ves de este lado del Mar Rojo, no fue mi inteligencia que me sacó de aquel lado, fue Dios que me cruzó. Si ves que estoy vivo todavía después de tanta gente desearme mal, no es por mis habilidades, ni por mis relaciones, ni por mis contactos, sino por la misericordia y la bondad de Dios.

Jehová es mi fortaleza y mi cántico, y ha sido mi salvación. Este es mi Dios, y lo alabaré; Dios de mi padre, y lo enalteceré.

¿Sabes lo que dice este versículo? Que Él es mi Dios y que voy a hacer algo con Él. Y, ¿qué harás con el que es tu Dios? Lo voy a alabar. Aquí te está diciendo una de las cosas que se puede hacer con Dios: ¡alabarle!

El versículo que sigue afirma: *Jehová es varón de guerra; Jehová es su nombre* (v. 3). Ah, ¿cómo es posible que a Dios le guste la guerra? Cristo dijo: *No penséis que he venido para traer paz a la tierra; no he venido para traer paz, sino espada* (Mateo 10:34). Como Dios está en contra de la maldad y de la injusticia, siempre está dispuesto a hacer guerra por ellas. Faraón mantuvo a los hebreos

430 años esclavos en Egipto y Dios dijo: "Ya es tiempo de hacer justicia, el día de mi justicia ha llegado". Dios es un Dios valiente que respalda a sus hijos.

El versículo 4 afirma: *Echó en el mar los carros de Faraón y su ejército; y sus capitanes escogidos fueron hundidos en el Mar Rojo.* El capitán es el que dirige a un ejército. Esta expresión: "capitanes escogidos", habla de selectos, de los mejores. Aun aquellas cosas que el enemigo escoge y selecciona como para hacerte el mal, dice la Palabra que Dios las toma, las pone, las echa, las mete en el fondo del mar. Eso se traduce en otra cosa: hay situaciones que parece que de verdad van a hacerte daño, pero no importa como las veas, dice que esta situación Dios la toma, la usa, la aplasta y la mete en el fondo del mar.

Cuando Satanás dice: "Voy a darte el golpe de gracia, porque con esto si es verdad que voy a acabar contigo", Dios lo aplasta y lo mete en el fondo del mar. Este versículo dice que echó en el mar los carros del faraón y su ejército. Ahora, te puedes imaginar a Moisés levantando la mano y cantando, gozándose, alabando y diciendo estas palabras.

Veamos lo que dicen los versículos 5 y 6: *Los abismos los cubrieron; descendieron a las profundidades como piedra. Tu diestra, oh Jehová, ha sido magnificada en poder; tu diestra, oh Jehová, ha quebrantado al enemigo.* Aquí se está refiriendo a que la diestra de Dios, el poder de Dios, se ha mantenido, ha quebrantado al enemigo. Aquí hay una gran enseñanza para nosotros: después que tienes al Señor, no importa que haya maleficios o ataques del infierno, no importa que se levante lo que se levante. Si tienes al Señor, Él toma el mal y lo destruye. En otras palabras, tenemos que operar con confianza delante de Dios; saber que Él va a tomar la maldad, va a tomar el mal, va tomar el pecado y lo va a destruir.

El versículo 7 dice: Y con la grandeza de tu poder has derribado a los que se levantaron contra ti. Enviaste tu ira; los consumió como a hojarasca. Este hombre está cantando lo que Dios hizo. Tú también tienes que repetir lo que Dios ha hecho contigo. Tienes que glorificar a Dios. Cuando cantas y alabas tienes que decir lo que Dios ha hecho contigo, porque cuando repites tu alabanza, estás expresando gratitud.

Cuando alabas, repites y magnificas a Dios por lo que ha hecho, estás abriendo la puerta para que siga haciendo más cosas contigo. Cuando te quedas callado y no alabas, ni reconoces lo que ha hecho Dios, estás diciendo: "No fuiste tú que lo hiciste conmigo", estás cerrando la puerta, y eso es triste. Porque mientras nosotros estemos en esta tierra seguiremos necesitando el favor divino. Mientras estés vivo necesitarás que Dios siga haciendo cosas grandes y maravillosas contigo. ¿Quieres dejar la puerta abierta para que Dios siga haciendo cosas contigo? ¡Alábale!

El versículo 8 afirma: Al soplo de tu aliento se amontonaron las aguas; se juntaron las corrientes como en un montón; los abismos se cuajaron en medio del mar. Nosotros vemos el mar, pero debajo del mar hay montañas, hoyos y grutas. El lecho del mar no es llano como una calle.

Para que veas lo que hace Dios... Dios hace carreteras en el medio del mar. ¿Sabes lo que pasó? Dios sopló y las aguas se amontonaron en un lado y se abrió el camino.

Ahora hay un camino, pero está lleno de hoyos y de montañas porque en el mar hay piedras, hay montañas, algas, basura, y todo lo inimaginable; por tanto, hay que hacer un camino. No es solamente mover el agua, ¡hay que hacer un camino!

Sin embargo, nuestro Dios nunca deja nada a medias, todo lo que hace lo completa, todo lo que comienza lo termina. Porque uno puede decir: "Ah, Dios les abrió el mar", pero no era abrir el mar solamente, había que hacer un camino. El mismo que te abre el mar es el mismo que te allana el camino en medio del mar. ¿Cuántas veces Dios no te ha hecho un camino para que pases? ¿Cuántas veces tuviste que pasar con tus hijos, tu familia y tus cosas en medio de la noche y Dios te allanó el camino para que cruzaras?

¿Te puedes imaginar esos millones de personas que salieron de Egipto para cruzar el Mar Rojo? Esos niños, esas personas mayores, las cosas, los animales que llevaban... y estaban en medio de la noche. Iban a caer en hoyos e iban a tropezar con piedras, pero nuestro Dios es el que allana el camino... Dios es el que hace camino en medio del mar, Él no solamente mueve las aguas, Él tapa los hoyos, los huecos.

¿Temporada de lluvia? ¿Has visto una temporada de nieve? Una vez pasado el invierno, hay que tapar los hoyos de las calles, porque una de las cosas que hace el agua y la humedad es que mueve la tierra y hace hoyos. Ahora, te puedes imaginar el lecho de un océano o de un mar; por años ha estado ahí, pero hoy Dios dijo: "Por ahí van a pasar mis hijos, por eso hay que arreglar el camino". Eso es motivo para que levantemos las manos y adoremos.

Es para que le cantemos y le exaltemos constantemente. Has que de tus labios salga una alabanza de gratitud para tu Señor, porque Él te abrió camino.

La mayoría de los que hemos venido a vivir en los Estados Unidos, hemos necesitado que se no abran caminos y que se nos abran puertas, porque para quienes nacieron aquí todo se les hace más fácil. Comenzar aquí no es fácil, pero gracias a Dios que Él nos ha abierto caminos. Muchos de ustedes tuvieron la necesidad de que Dios fuera adelante tapando hoyitos y moviendo piedritas para llegar adonde están hoy. Dios les extendió la mano y les abrió camino. Cuántas piedras moviste para que yo pasara, cuántas removiste del camino para que yo pudiera cruzarlo. Cuántos hoyos tapaste, mi Señor, para que mis pies no cayeran en el vacío.

Moisés no solamente alabó a Dios porque le allanó el camino, sino porque gente más poderosa que él y que el pueblo, venían detrás, y Dios los libraría de ellos. *El enemigo dijo: Perseguiré, apresaré, repartiré despojos; mi alma se saciará de ellos; sacaré mi espada, los destruirá mi mano* (v. 9). El ejército se lanzó contra Israel con tres propósitos: lo perseguiré, los apresaré y todo lo que ellos se llevan, la riqueza y el oro se los quitaré y lo repartiré.

La noche antes que el pueblo de Israel saliera de Egipto, Dios les dijo: "Vayan a las casas de los egipcios y pídanles oro". Dice la Biblia que los hebreos, los hijos de Dios, salieron de Egipto ricos. Por 400 años estuvieron siendo esclavos, solamente trabajaban por la comida; los egipcios los explotaron. Ahora, Dios que es justo iba a hacer justicia por ellos. La noche antes de que salieran Dios les dijo: "Vayan a la casa de todos ellos y pídanles oro". Dios preparó el corazón de la gente que tenía el oro, de los egipcios ricos. Cuando los hebreos fueron y tocaron las puertas ellos tuvieron que darles oro a los hijos de Dios porque Dios estaba haciendo justicia con eso.

> **Cuando llegue el día de la justicia de Dios, trata de estar del lado de Dios, porque te tocará la mejor parte.**

Los hijos de Dios estuvieron esclavizados por 400 años. Hacían los trabajos más duros; no tenían nada, solamente la noche, el día y un camino para irse. Dios dijo: "Hoy voy a hacer justicia con los míos". Cuando llegue el día de la justicia de Dios, trata de estar del lado de Dios, porque te tocará la mejor parte. Cuando llegue ese día trata de estar del lado de Dios porque los que están del otro lado se van a lamentar. Cuando llegue ese día bendito, si estás del otro lado, quedarás sepultado en las aguas.

El enemigo dijo: *Perseguiré, apresaré, repartiré despojos; mi alma se saciará de ellos; Sacaré mi espada, los destruirá mi mano.* Este versículo menciona tres cosas terribles: 1) perseguirlos, 2) apresarlos y 3) quitarles todo lo que tengan. Lo mismo que ellos les dieron, ahora se lo iban a quitar. En el infierno hay reuniones y se hacen planes en contra tuya. Satanás reúne a todos sus secuaces para hacer planes en contra de tu vida, de tu integridad física, de tu futuro, de tu destino.

Estas son tres cosas que dice Satanás: 1) lo voy a perseguir, 2) lo voy a apresar y 3) le voy a quitar lo que tiene. Asegúrate de estar del lado de Dios, porque aquí solamente sales airoso. Victorioso es el que está del lado de Dios. Los que no estén de su lado no van a salir victoriosos en esta lucha. Esta vida es una lucha, esta vida es una guerra, día y noche estamos en guerra y si estás del lado de Dios, la victoria es tuya.

El enemigo dijo: "Sacaré mi espada, los destruirá mi mano". Los hebreos no tenían nada cuando estaban en Egipto porque eran esclavos, ahora que están fuera de esa nación llevan algo, pero el enemigo planeaba quitarles hasta eso. Así es que ellos seguirán su camino con las mano vacías. Después que Dios se toma el trabajo y la molestia para salvarte y para ayudarte, no es verdad que te dejará con las manos vacías. Aunque no tengas nada ahora, tienes que saber que no morirás pobre. Tú no morirás ni pobre ni hambriento, ni pidiendo en las calles. Mientras le sirvas a Dios, Él hará justicia a favor tuyo.

La segunda parte del versículo 9 dice: *Mi alma se saciará de ellos; sacaré mi espada, los destruirá mi mano.* Los planes del enemigo eran atroces. Dice la Biblia que las cosas negativas vienen de Satanás. Las cosas positivas vienen de Dios. El apóstol Santiago, en el capítulo 1 versículo 17, dice: *Toda buena dádiva y todo don perfecto desciende de lo alto, del Padre de las luces, en el cual no hay mudanza, ni sombra de variación.*

Todas las cosas lindas, buenas, puras, santas vienen de Dios. Todas las cosas negativas, no importa quién las diga, no importa quién las planifique, son para hacerte daño y hacer sufrir al prójimo; todas ellas vienen de

Satanás. Esas cosas se planificaron en el mismo infierno. Hay un mundo espiritual y todas las cosas que pasan en la tierra se originan ahí.

Todas las cosas negativas y malas en contra del ser humano, ocurren primero en el mundo espiritual, donde se originan. Sin embargo, Satanás con sus demonios las planifica y luego motiva a sus agentes que tiene sobre la tierra para que pongan esos planes en acción. No es que las cosas aparecen así por así, no es que alguien vino y que hizo daño solo porque quiso, no. Satanás lo planificó antes, usó a los demonios y luego a sus agentes. Si no es así, entonces no existiría el bien y el mal, la gloria y el infierno.

Cuando una persona piensa en hacerte bien, en orar por ti, en ayudarte, en extenderte una mano, en aconsejarte, guiarte, es el Espíritu Santo el que le pone eso en su corazón. "El Espíritu Santo es el que guía a toda verdad y a toda justicia" (Juan16:13). Si algo viene y va en contra de tu santidad, contra tu pureza, contra tu comunión; si algo viene a tu mente, o alguien está hablando algo que va en contra de tu integridad física, contra tu obediencia a Dios, ya sabes de dónde proviene.

El enemigo dijo: *Perseguiré, apresaré, repartiré despojos; mi alma se saciará de ellos; Sacaré mi espada, los destruirá mi mano.* Cuando dice: "mi alma se saciará de ellos" se refiere a que va a estar dándote en la cabeza hasta que se canse. Hay situaciones que vienen a la vida que no te sueltan hasta que no exhalas el último suspiro. Pero tenemos un Dios que cuando alguien nos quiere herir, mete sus manos y el golpe lo recibe Él. Tu enemigo quiere darse el gusto de verte postrado y destruido, luego reírse de ti y decir: "Así era como yo quería verlo". Pero gracias a Dios que nos liberta.

> **Los milagros y las grandezas que Dios hace en nuestra vida, nos lleva a exaltar y a engrandecer mucho más su nombre.**

El versículo 10 dice: *Soplaste con tu viento; los cubrió el mar; se hundieron como plomo en las impetuosas aguas.* Dios sopla. Dios creó el viento. Dios sopló, lo grande de todo es que la vida del ser humano es como la luz de una lámpara, Dios la sopla y se apaga. O sea, Dios no tiene que hacer fuerza para detener al mar. Dios lo detiene con un soplo: *Soplaste con tu viento; los cubrió el mar; se hundieron como plomo en las impetuosas aguas.* Moisés está cantando eso y detrás de él viene una multitud de gente, dos millones de personas, y todos están cantando y danzando eso también.

Cuando Dios hace cosas grandes uno tiene que cantar y danzar. Yo no sé cómo hay personas que se quedan tranquilas cuando Dios ha hecho milagros tan grandes en las vidas de ellos. Los milagros y las grandezas que Dios hace en la vida de nosotros, nos llevan a exaltar y a engrandecer mucho más su nombre.

El versículo 11 afirma: ¿Quién como tú, oh Jehová, entre los dioses? ¿Quién como tú, magnífico en santidad, terrible en maravillosas hazañas, hacedor de prodigios? ¡Magnífico en santidad! Es la santidad de Dios lo que lo lleva a hacer justicia, porque Dios es tan santo que no acepta la injusticia. Si una persona dice: Yo soy cristiano y hace injusticia, no es tal cristiano, está mal; no tiene a Dios de su parte, no importa el título que tenga. Si obras justamente tienes a Dios de tu parte, y no solamente eso sino que estás en santidad. Parte de la santidad de Dios es su justicia.

Ahora bien, imagínense a este hombre danzando. Imagínense los carros del faraón hundidos en el mar; imagínense a la gente ahogada, los capitanes escogidos ahogados en el mar; y a ese ejército de Dios, ese pueblo de Dios, danzando, bailando y cantando. Una de las cosas que le decían a Dios cuando cantaban era: "*¿Quién como tú, oh Jehová, entre los dioses?*"

La gente de Egipto tenían dioses, no tenían a Jehová, adoraban al sol, la luna y las estrellas, al río Nilo, al toro y a los becerros; tenían muchos dioses pero ninguno de era como el Dios que tú y yo tenemos. Ellos tenían tantos dioses pero ninguno pudo librarlos del Mar Rojo, ninguno de esos dioses pudo librarlos del Dios nuestro. Cuando el pueblo de Israel cruza el mar y ve toda aquella gente ahogada, a todos los que venían con espada para matarlos, para quitarles su oro y sus riquezas, para aprestarlos y regresarlos a esclavitud, despertaron y clamaron a Dios diciendo: ¿Quién como tú, oh Jehová, entre los dioses?

¿Quién como tú, magnífico en santidad, terrible en maravillosas hazañas, hacedor de prodigios?

Dios es único y tan santo que no resiste la injusticia. Por lo tanto, no te preocupes por lo que estén diciendo de ti, ni por lo que piensen hacerte, ni por lo que te esté pasando porque Dios es santo y su santidad es tan grande que no permite la injusticia. Dios es único, Él no se compara con nada, ni con nadie.

12
La voluntad, sabiduría e inteligencia de Dios

En el primer capítulo del libro de Colosenses hay una porción bíblica, entre los versículos 9 al 14, que dice:

> Por lo cual también nosotros, desde el día que lo oímos, no cesamos de orar por vosotros, y de pedir que seáis llenos del conocimiento de su voluntad en toda sabiduría e inteligencia espiritual, para que andéis como es digno del Señor, agradándole en todo, llevando fruto en toda buena obra, y creciendo en el conocimiento de Dios; fortalecidos con todo poder, conforme a la potencia de su gloria, para toda paciencia y longanimidad; con gozo dando gracias al Padre que nos hizo aptos para participar de la herencia de los santos en luz; el cual nos ha librado de la potestad de las tinieblas, y trasladado al reino de su amado Hijo, en quien tenemos redención por su sangre, el perdón de pecados.

Este pasaje habla del testimonio de la fe de los santos de Colosas, el cual es difundida por todo el mundo.

Colosas era una región del Asia Menor. Dicen que esa ciudad ya no existe debido a algunos terremotos que sufrió. Colosas estaba cerca de un pueblo llamado Éfeso, otra ciudad muy importante. La iglesia de Colosas no fue fundada por el apóstol Pablo. ¿Saben que hay muchas iglesias que se han iniciado cuyos fundadores no han sido pastores? Hay muchos pastores que dirigen iglesias que nunca fundaron. Fueron los miembros quienes las iniciaron. Personas que se mudan a un barrio donde no hay iglesias y, por tanto, ellos mismos comienzan a dar cultos en las marquesinas o en las salas de sus casas, o en el patio, y allí comienzan a llegar creyentes y surge una iglesia. Como la persona que está empezando a dar los cultos no es pastor, entonces buscan uno.

Muchas iglesias tanto de la Biblia como en la historia contemporánea, no fueron fundadas por pastores. ¿A qué se debe eso? A que hay personas que entienden cuál es su papel en la tierra. Cuál es su misión. Tú no necesitas ser pastor o pastora para levantar una obra. La historia de la iglesia de Colosas es la de una congregación que comenzó sin un pastor que la fundara. El pastor vino a aparecer mucho después. Por eso es que mi mensaje es para empoderar y ubicar los roles de los creyentes.

En Colosas había un hombre llamado Epafras, al que el apóstol Pablo había enviado. Esto nos hace pensar que abrir una iglesia, comenzar una obra, iniciar un campo de predicación, no necesariamente es un trabajo del pastor; es una labor de los miembros o laicos, de los feligreses que se sienten útiles; de gente que entiende que tiene una misión en esta tierra. Personas que entienden que Dios los llamó para algo.

¿Saben ustedes que Dios no hace las cosas grandes con personas famosas? Aprendan eso. No, las cosas grandes las hacen personas sencillas. No son los famosos. Los famosos muchas veces llegan después que todo está hecho. Es la base, la congregación, la que se mueve, la que hace, la que gana almas, la que predica. Hay individuos que están tras bastidores y ni se les conoce. Por ejemplo, los que están detrás de las cámaras de filmación no salen en televisión; el que sale en la pantalla soy yo, aunque ellos tienen las cámaras en sus manos.

Así mismo hay los que oran y ayunan, los que interceden. Esas personas hacen un trabajo poderoso. Los que alaban y bendicen el nombre de Dios hacen una labor. Las personas que dan sus ofrendas y sus diezmos, con lo cual podemos seguir predicando el evangelio y alcanzando almas, están haciendo un trabajo que los grandes, los famosos, no están cumpliendo. No digo que ellos no sean importantes. Son muy importantes. No digo que el trabajo que ellos hacen no es significativo. Es trascendental. A lo que me refiero es que hay muchas personas anónimas que, a los ojos de los hombres, son pequeños. Sin embargo, hacen un trabajo extraordinario.

Así es como se propaga el evangelio. Por ejemplo: Un evangelista dice: "Voy a dar una campaña en una ciudad y voy a alquilar el estadio" y la multitud va a la actividad, ¿sabes por qué? Porque los llevan los miembros de las iglesias. Son esos miembros de las iglesias los que llevan a las multitudes. Por ejemplo, cuando se anuncia una campaña con determinado evangelista, este ni siquiera es de ese pueblo.

> **Abrir una iglesia, comenzar una obra, iniciar un campo de predicación, no necesariamente es un trabajo del pastor; es una labor de los miembros o laicos, de los feligreses que se sienten útiles.**

Son los hermanos de la iglesia los que invitan a sus amigos, a sus vecinos, a sus compañeros de trabajo y, cuando llega el momento, se salvan las almas con el mensaje que predicó el evangelista famoso. Pero si esos fieles de esa iglesia no promueven la campaña, esas almas no se salvan.

Ahora bien, en los días subsiguientes, para que esos nuevos creyentes perseveren, los mismos miembros de las iglesias que llevaron a esa gente a la campaña son quienes siguen llamando a esos nuevos convertidos y los llevan a la iglesia para que sigan creciendo. Con esto quiero demostrar que el gran trabajo no lo hacen los famosos; el gran trabajo lo hacen personas normales. ¡Aleluya! ¡A Dios sea la gloria!

La finalidad de la carta del apóstol Pablo a Colosas era contrarrestar las falsas doctrinas, por eso hace énfasis en Epafras, ese gran colaborador. ¿Sabes lo que te quiere decir el Señor con esta lectura? Que aunque tu nombre no salga en los periódicos, aunque no seas famoso, aunque no siempre te toque pararte al frente, Dios sabe que estás en ese lugar. Dios sabe en qué rincón estás testificando de Él. No te lo reconocen... a veces ni el pastor sabe lo que estás haciendo, pero Dios lo sabe.

¿Que es necesario que te lo reconozcan? Sí, es necesario. Se necesita que te den una palmadita en el hombro y te digan: "Fulano, sigue adelante, lo estás haciendo bien". Eso es importante. Todos necesitamos que nos estimulen. Todos. Todos necesitamos que nos digan: "Vas bien, lo estás haciendo excelente". "Te felicito, estás haciendo las cosas bien". Todos lo necesitamos. Sin embargo, aun cuando no nos lo digan, tenemos que seguir haciendo el trabajo, porque lo hacemos para el Señor.

Revisemos el versículo 9: *Por lo cual también nosotros, desde el día que lo oímos, no cesamos de orar por vosotros, y de pedir que seáis llenos del conocimiento de su voluntad en toda sabiduría e inteligencia espiritual.* Ahora bien, ¿qué dice el apóstol aquí? Pablo informa que cuando escuchó que aquella gente humilde, que no era famosa, estaba creciendo, alcanzando a las almas y desarrollándose en Dios, no *dejó de orar por ellos.*

Veamos la enseñanza que tengo para todos: Aunque no lo crean, hay gente que ora por cada uno de ustedes. Quiero que sepan una cosa: Como pastor, a veces uno siente que están orando por uno. Yo no sé si usted, querido lector, lo ha sentido. A veces, siento que tengo mucha presión, que tengo muchos ataques, pero alguien ora por mí y me doy cuenta de que si estoy de pie y estoy en victoria, es porque alguien ha estado orando por mí, es porque Dios le ha recordado mi nombre a alguien para que ore por mí. Así que Pablo oraba por los hermanos de Colosas. Y ¿para qué lo hacía? Dice que oraba y pedía a Dios para que ellos fueran llenos del conocimiento de la voluntad, de la sabiduría e inteligencia espiritual.

Son tres cosas que nosotros necesitamos: conocimiento, sabiduría e inteligencia. Y ¿por qué las necesitamos? Necesitamos el conocimiento de Dios para poder desarrollarnos como seres humanos. Necesitamos que Dios nos revele su voluntad porque la única manera en que podemos crecer, desarrollarnos y lograr nuestras metas como seres humanos es con el conocimiento de Dios. De la única forma que podemos salir victoriosos en todas las cosas que emprendamos es con el conocimiento de Dios. La Biblia dice: *Mi pueblo perece porque le falto conocimiento.* Muchas personas fracasan por falta de conocimiento; cometen errores por falta de conocimiento. Por eso es que necesitamos el conocimiento, para poder vencer.

Sin embargo, no solamente necesitamos el conocimiento, también requerimos de sabiduría e inteligencia. ¿Por qué necesitamos la sabiduría? Para desenvolvernos en lo que Dios nos pone y en lo que Dios nos ha llamado a hacer. Necesitamos la sabiduría y la inteligencia. Hay personas muy inteligentes pero que no tienen sabiduría.

Ahora bien, ¿te puedes imaginar qué oraba el apóstol Pablo por los hermanos que estaban en Colosas? Él decía: "Señor, a tus hijos que están allá en Colosas, dales conocimiento de tu voluntad, dales sabiduría y dales inteligencia".

> **Una de las oraciones que debiéramos hacer como hijos de Dios es: "Señor, dame sabiduría. No quiero fallarte. Dame sabiduría. No quiero pecar".**

La Palabra de Dios dice: "El principio de la sabiduría es el temor a Dios". ¿Sabes lo que hizo grande a Salomón? Qué Salomón le dijo a Dios: "Yo no te pido que me des riquezas. Lo que te pido es que me des sabiduría para saber cómo entrar y salir con este pueblo" y ¿sabes lo que respondió Dios? Le dijo: "Te voy a dar más que sabiduría, por cuanto no me pediste a tus enemigos, no me pediste riquezas, solamente me pediste sabiduría; te voy a dar más de eso". Y dice la Biblia que Dios le dio sabiduría a Salomón, tanta que venían gentes de otras naciones, de otros países para ver y escuchar a Salomón. Pero no solamente le dio sabiduría, Dios le dio riquezas también, y no solamente riquezas, le dio fama. El hombre pidió sabiduría y Dios le dio fama y fortuna.

Una de las oraciones que debiéramos hacer como hijos de Dios es: "Señor, dame sabiduría. No quiero fallarte. Dame sabiduría. No quiero pecar. Dame sabiduría". Nuestra oración preferida debería ser pedirle a Dios sabiduría. Porque cuando uno tiene sabiduría, evita muchos errores de los que más tarde se lamentaría.

Volvamos a leer el versículo 9: *Por lo cual también nosotros desde el día que lo oímos, no cesamos de orar por vosotros y de pedir que seáis llenos del conocimiento de su voluntad.* Deténganse ahí. Una de las cosas que necesitamos es conocer la voluntad de Dios. ¿Por qué? Los seres humanos tenemos aspiraciones, deseos, planes extraordinarios. Esos deseos, esas metas y todos esos sueños, ¿están dentro de la voluntad de Dios?

Una cosa es lo que tú quieras para ti y otra es lo que Dios quiera para ti. Puedes querer algo para ti y lo ves lindo, bonito, pero Dios dice: "No, no te conviene". Respondes: "Pero Señor, ¿cómo es que no me conviene si es bueno para mí? Además ¡es bonito!" Está bien. Es bueno para ti y es bonito, pero "no te conviene". Por eso es que Pablo quiere que Dios llene del conocimiento de la voluntad de Dios a los hermanos de Colosas.

Hay muchas maneras de conocer la voluntad de Dios. Si, por ejemplo, inicias algo en lo que no tienes paz cuando lo mencionas; algo que crea desasosiego en tu ser cuando piensas en eso, algo que te hace sentir depresión, tristeza, todo eso es porque no estás en la voluntad de Dios. Cuando se construye una casa, primero se la concibe en la mente. Nadie comienza a hacer una casa sin primero pensar cómo construirla. Luego, lo que viene a la mente se plasma en papel (lo que se conoce como planos). Entonces, ya la casa no está en la cabeza, ahora está en un papel. Y ya sabes por dónde está la puerta, dónde está el garaje, dónde está la escalera; ya sabes cómo es la casa porque la concibes en la mente.

Así, cuando tienes los planos es porque ya concebiste tu proyecto. Por eso es que se aconseja que cuando tengas una idea clara, la escribas en un papel, tomes tu proyecto en la mano y ores: "Señor, Señor, mira estos planes que quiero llevar a cabo". Porque si tienes un proyecto pero no puedes dormir, y no estás tranquilo e intuyes que te va a crear problemas, te va a crear conflictos con tus vecinos, con tu familia y a ti mismo, eso va a alterar toda tu vida. Como he dicho, Dios te está avisando que no te conviene.

Sin embargo, hay quienes cuando quieren hacer algo se van por encima de su conciencia, por encima de esa vocecita que les habla. He conocido personas que han venido a mí y me han dicho: "Pastor, tengo este plan". Yo le he mandado a la persona que ore. Yo no me aventuro a decirle: "No, no lo hagas". No, no, yo digo: "Hay que orar por eso". Porque si le va mal, yo no quiero que diga: "El pastor me dijo que lo hiciera y me fue mal". No, no, no. Hay que orar por eso y enseño las técnicas necesarias para conocer, para descubrir la voluntad de Dios. Si está pasando el tiempo y ves que todavía no tienes una respuesta, y sientes que eso va a afectar tu futuro, no sigas con ello; porque luego te puedes lamentar.

> **Hay cosas que uno debe estar seguro que Dios las aprueba. Porque hay veces que Dios no te habla al oído, sino que te habla al corazón y descubres que no tienes paz.**

Hay cosas que uno debe estar seguro que Dios las aprueba. Porque hay veces que Dios no te habla al oído, sino que te habla al corazón y descubres que no tienes paz. Otras veces Dios te habla mostrándote las circunstancias y ves que hay obstáculos. Es que en todo hay conflicto, todo tiene un problema y una serie de dificultades. Cuando eso es así, entonces trata de ver el final. Como el hombre que planeó su funeral, que decía: "El día que me muera, esta es la funeraria en que me van a velar, aquella es la caja donde me van a poner, estos son los amigos que van a estar en mi velorio". Todo lo tiene planeado. Ya lo vio en su mente. Vio el final. No vio nada malo. Él nos da una enseñanza con eso. Él está diciendo: "Tienes que mirar cómo finalizará tu vida. O sea, no te emociones".

Así que no te entusiasmes con el presente. El presente no es importante, lo es el desarrollo de ese presente y su futuro. Porque en el presente todo es color de rosa.

En el presente todo es luna de miel. El asunto está en cómo irán las cosas después, cuando pasen los primeros tres meses que se acabe la luna de miel. Porque la luna de miel se acaba. No sé si lo sabían. Por eso necesitamos conocer cuál es la voluntad de Dios. Por eso necesitamos que Dios nos guíe. Por eso es que en este versículo dice: *Por lo cual también nosotros desde el día que lo oímos no cesamos de orar por vosotros y de pedir que seáis llenos del conocimiento de la voluntad de Dios.*

Todos los días tenemos que decir: "Señor, muéstrame tu voluntad. Señor, quiero hacer tu voluntad". Es más, Jesucristo el Señor dijo que oráramos así: Primero que mencionáramos al Padre, diciendo "Santificado sea su nombre, el pan nuestro de cada día dánoslo hoy y perdona nuestras deudas"; y luego: "No nos metas en tentación, sino líbranos del mal". Ahora, ¿por qué razón el Señor Jesús está enseñando a sus discípulos? Jesús está tratando de que los discípulos aprendan a conocer la voluntad de Dios. O sea, en todo lo que le vas a pedir a Dios, tienes que buscar que Él te muestre su voluntad.

Dice que "se haga su voluntad así en la tierra como en el cielo". Dios tiene autoridad EN EL CIELO, entonces, ¿sabes lo que quiere decir eso? Que Dios quiere que nosotros vivamos bien aquí en la tierra. Que las cosas caminan bien allá en el cielo. ¡Ah! Yo no sé si entendiste eso. Él quiere que vivamos bien aquí, en la tierra. Él dice: "Hágase tu voluntad en la tierra COMO EN EL CIELO". Y este hombre, Pablo, afirma: *Por lo cual nosotros desde el día que lo oímos, no cesamos de orar por vosotros y de pedir que seáis llenos...* ¿Llenos de qué? Del conocimiento de su voluntad. ¡Yo quiero que en mi vida sea hecha la misma voluntad que Dios hace en el cielo! Amén, amén.

Pasemos entonces al versículo 10. Aquí habla de agradar a Dios. ¿Qué significa agradar a Dios? La palabra agradar en griego es "arakeian", que quiere decir: deseo genuino de complacer a Dios. Imagínate, por ejemplo, que quieres irte a Florida y comprar una casa. Decides irte contra la voluntad de Dios y compras la casa. Pero no sabes que compraste tu propiedad en una ciudad fantasma. ¿Sabes lo que son las ciudades fantasmas? Son ciudades abandonadas. Las que todo el mundo abandonó. No las pagaron y las dejaron desiertas.

Ya te puedes imaginar, abandonas tu casa, dejas tu trabajo en otro estado, te fuiste a vivir a Florida y, además, gastaste tu capital en Florida, para luego descubrir que no la puedes pagar. Si hubieses orado al Padre Nuestro, te hubieras dado cuenta de que "así como es tu voluntad en el cielo, también hágase así es en mi corazón…" Porque hay quienes tenían casas, tenían buenos trabajos… y ahora, ni para comer tienen. Uno necesita ser guiado por la voluntad de Dios. Uno necesita tener paz. Señor, he orado. Me siento en paz. Algunos me dicen: "Yo me siento tranquilo". Bien. Si te sientes tranquilo, está bien. No hay problema.

El apóstol Pablo afirma: *Para que andéis como es digno del Señor*. Este versículo 10 es tremendo. Agrandándole y creciendo en el conocimiento de Dios. Miren, miren todas las cosas que pasan: Primero, uno agrada a Dios; segundo, uno lleva fruto; tercero, logra el crecimiento espiritual. Son tres cosas que pasan en uno: "Agrada a Dios". Cuando tratas de tener a Dios contento, ¿para dónde vas? Yo me voy para Florida. ¿Dios te dijo que te fueras? ¿Oraste? Sí. ¿Te lo confirmó el Espíritu Santo? Sí. Pues, vete en paz. ¿Tienes paz en tu alma? Sí, tengo paz en mi alma. Bien, pues entonces tranquilo. ¿Qué pasa haces todo en la voluntad de Dios? Que agradas a Dios y lo tienes contento. Eso quiere decir que no importa la prueba que te venga, Dios estará contigo, porque ya te confirmó que es su voluntad.

Agradar quiere decir complacer genuinamente a Dios. Dios cuando te mira, dice: "Vas bien, hijo, está bien. Así es como yo lo quiero. Hija, así como lo estás haciendo, está bien, vas bien". Y tú lo sientes. Dios no te lo dice de boca, tú lo sientes en el corazón. Disfrutas de paz. Nada te perturba y vas viendo logros y metas que se hacen realidad.

La paz que sobrepuja todo entendimiento es la que te ayuda a lograr tus metas. La paz es un gozo que sientes en el corazón. Dice la Biblia que la paz te da fuerza. Entiende eso. La paz te da fuerza como la de un toro, de un león, y sientes que nadie te vence, porque Dios te está diciendo: "Vas bien. Vas bien, hijo, vas bien y tú sabes que nada te va a vencer". Sabes que todo te va a salir bien porque tienes paz. Eso hay que aprenderlo, amado lector: Uno no se puede dejar llevar por lo que la cabeza le diga, uno tiene que ver el corazón, porque Dios habla al corazón.

> **Los frutos hablan por ti. A veces no tienes ni que abrir la boca. Tus hechos hablan por ti.**

Así es que consideremos este versículo 10: *Para que andéis como es digno del Señor. Agradándole en todo, llevando fruto en toda buena obra y creciendo en el conocimiento de Dios.* ¿Sabes lo que le dijo Dios a Cristo cuando fue bautizado y salió del agua? *Este es mi hijo amado en el cual tengo complacencia.* Es como si dijera: "Está bien. Juan, haz lo que dice Jesús, porque lo que Él dice, eso es. Él va bien. Él está en mi voluntad"… Aleluya.

De modo que cuando estás en la voluntad de Dios, también llevas frutos. En el transcurso de tu vida vas dejando muestras de tu relación con Cristo. Eso es fruto. Los frutos hablan por ti. A veces no tienes ni que abrir la boca. Tus hechos hablan por ti. Vas dejando frutos y eso glorifica a Dios; por tanto, la gente reconoce que Dios te está usando. Es más, todos dicen: "Ese hombre tiene a Dios, esa mujer tiene a Dios en su corazón". Entonces se reconoce que el nombre de Jehová es glorificado en tu vida.

Cuando uno vive en la voluntad de Dios, cuando uno está bajo la voluntad de Dios, cuando uno usa la sabiduría, cuando uno la aplica con inteligencia, es porque lleva frutos. Por haber agradado a Dios, uno logra el crecimiento. Los demás te ven este año y luego, cuando te ven al siguiente dicen: ¡Ah, qué diferente estás! Eso es producto de todo lo que tiene vida de Dios. En todo aumentas. Cuando tienes frutos, aumentas. Se te ve que aumentas.

Por último, debo mencionar ocho logros:

1. Cuando uno hace la voluntad de Dios, lo primero que ocurre es que es perdonado de todos los pecados. Cuando uno hace la voluntad de Dios, evita la rebelión.

Quiero que sepan una cosa, este es un principio extraordinario que se debe aprender: que cuando uno busca hacer la voluntad de Dios, uno se aleja de toda rebelión.

2. Cuando uno hace la voluntad de Dios, uno muestra rendición. Quiere decir que se vive rendido al Señor, que se es redimido por el Señor.

3. Cuando uno hace la voluntad de Dios, muestra traslación o mudanza. Eso quiere decir que te has mudado de la voluntad de Satanás a la voluntad de Dios. Sí, porque cuando uno estaba del otro lado, hacía lo que quería, pero cuando uno se muda al lado de Cristo, hace lo que Cristo quiere. Cuando vivíamos de aquel lado, íbamos donde queríamos, pero cuando nos mudamos a donde Cristo, Él es quien nos ciñe, Él es quien nos guía y hacemos lo que Él quiere.

4. Cuando uno hace la voluntad de Dios, vive liberado. Antes vivíamos bajo la voluntad nuestra, bajo la voluntad del enemigo, pero al mudarnos allá, somos liberados de la potestad de Satanás. Ahora hacemos la voluntad de Dios. Ahora Satanás no trabaja con nuestra mente y ya no nos hace caer en trampas, no, ahora nos guiamos por el Espíritu Santo.

5. Cuando uno hace la voluntad de Dios, participa de la herencia con los santos en luz, porque al estar en Cristo, todos los regalos, todas las bendiciones, todas las herencias, todas las promesas de Dios son para nosotros, puesto que estamos de su lado.

6. Cuando uno hace la voluntad de Dios, es fortalecido con propósitos definidos. O sea, aquí Dios

te da fuerza y sabes para qué vas a usar esa fuerza. Es como algunas gentes que dicen: "Señor, dame poder. Señor, dame unción" y el Señor les pregunta: "¿Qué vas a hacer con ese poder y con esa unción?" ¡Ah, no sé! Entonces, ¿para qué pides eso? Una de las razones por las cuales el Señor felicitaba y elogiaba a la gente de Colosas era porque vivían con propósitos definidos. Todo lo que Dios nos da tiene un propósito determinado. Somos nosotros los que vivimos inventando, improvisando, pero YA Dios sabe para qué nos dio lo que tenemos.

7. Cuando uno hace la voluntad de Dios, lleva frutos que muestran nuestra unión con Cristo. Todo el que te ve dice: "Ese tiene a Jesús en su corazón".

8. Cuando uno hace la voluntad de Dios, se ve que está lleno del conocimiento de su voluntad.

Esos ocho puntos constituyen ocho peldaños que nos llevan a estar con Cristo. Nueve escalones. Subimos el primero, luego el segundo y así seguimos hasta llegar al octavo. Cuando llegamos a este último peldaño estamos del lado del Señor.

Padre, en el nombre de Jesús de Nazaret, oro por aquellos que deben tomar decisiones. Señor, dales sabiduría, dales dominio. ¡Oh, Dios! Confírmales tu voluntad dándoles paz, tranquilidad y sosiego. Que no tomen decisiones a la ligera. Sabemos que para ti no hay nada imposible. Así es que, te pido, Dios eterno, que todos los que deban tomar una decisión en su vida, una decisión en cuanto a sus finanzas, en cuanto a su salud, una decisión que haya de afectar su futuro, suplico que tu poder los dirija Señor; y si están en tu voluntad, les des paz, certeza y plena seguridad. Que ellos sientan que van bien, Señor. Pero si van a cometer un error por el que mañana se vayan a lamentar, te pido que tú mismo les impidas tomar esa decisión. Despiértalos Señor, hazles saber que van mal. Te lo pido en el nombre de Jesús. Amén.

13
Sube a otra dimensión

Aquellos que tienen mal carácter, que tienen problemas de relaciones, ¿saben por qué están en esa situación? Porque no son como Jesús. ¿Se pueden imaginar que Jesús duró tres años y medio con Judas y que, sin embargo, este era un traicionero? ¡Jesús se sentó y comió con Judas durante tres años y medio!

¡Ah! Si uno de ustedes descubre que tienen a un Judas al lado, inmediatamente se lo quitan del medio, pero Jesús comió con Judas. Es más, era su tesorero. ¡Qué manera de ver las cosas! Tenía doce personas con Él, sabía que ninguno de ellos era perfecto, todos tenían sus problemas, pero estaban con Él. No obstante este no es mi mensaje.

Quiero enfatizar sobre el tema del desierto, la travesía y la tierra prometida, porque debemos tener siempre presente que Dios permite que sucedan cosas dolorosas en nuestras vidas para entrenarnos, para que conquistemos nuevas dimensiones.

Así que vayamos al libro de Jueces, capítulo 3, versículo 1: "Estas, pues, son las naciones que dejó Jehová para probar con ellas a Israel, a todos aquellos que no habían conocido todas las guerras de Canaán". Hay cosas que pasan, hay situaciones que Dios permite para algo. Hay cosas que Dios permite que sucedan porque quiere convertirnos en conquistadores.

Si te dieran todas las cosas que deseas, entonces no te enseñarían a pescar. Si siempre te dan el pescado, no sabrás cómo tirar un cordel, un anzuelo, una cuerda para pescar. Es más, el primer día que estés pescando, cuando los peces comiencen a moverte el cordel, te vas a asustar, porque no sabes qué es eso, no sabes qué está pasando. Pero si te enseñan a pescar, te van a decir: "Cuando sientas que el cordel se mueve, es que los peces están picando, y cuando sientas que lo halan, es que ya atrapaste uno. Pero lo que el pez quiere es llevarse el cordel con todo y carnada, así que hala, para que lo saques". Y te enseñan a pescar. Pero si siempre te dan el pescado, nunca sabrás cuándo es que está picando el pez ni cuándo fue que lo agarraste.

> **Dios no quiere darnos las cosas. Él quiere que las conquistemos, porque no quiere hijos inútiles. Él quiere que seas un hijo útil.**

Dios quiere hacernos conquistadores. Dios quiere que nos revistamos de valor para conquistar. Dios quiere enseñarnos a pescar para que seamos útiles, porque cuando aprendamos la lección, quiere subirnos de nivel. Dios quiere hacernos conquistadores. Dios quiere que nos revistamos de valor para conquistar. Y la primera área que Dios quiere que conquistemos es la espiritual, porque entonces tendremos más de la mitad del camino avanzado.

Hay personas que, a veces, tienen las bendiciones del otro lado de la puerta, pero no las alcanzan porque no las han conquistado en el área espiritual. Hay otras a las que las cosas fáciles se les hacen difíciles, porque hay un nivel espiritual, un nivel de comunión con Dios, que no han conquistado, no lo tienen todavía. Y quiero que sepan algo... que la mayoría de las bendiciones que hemos de tomar, ya Dios las decretó para nosotros. Pero Satanás y sus demonios tienen esas bendiciones secuestradas en los aires; de modo que, hasta que no conquistemos ese nivel espiritual, no las obtendremos.

El problema de alcanzar esas bendiciones no se resuelve con un ayuno, sino con una vida de relación con Dios. Eso no se resuelve con un retiro, sino con una vida de comunión con Dios. Eso no se resuelve con una lectura bíblica ni con pasar al frente para que el predicador ore por ti. No, tú puedes pasar al altar mil veces y los mejores predicadores poner su mano sobre tu cabeza, o caerte en el piso... pero te levantarás y seguirás en las mismas hasta que tú mismo no establezcas una relación personal con tu Señor.

Sí, porque a veces queremos usar una varita mágica y decir: Si yo oro y ayuno, y me voy a la campaña que está dando algún evangelista famoso, para que él ore por mí y me tumbe y ya, se me va a resolver el problema. Te digo que no y mil veces no. Es relación, es obediencia, es acercamiento a Dios, es dejarte guiar por el Espíritu Santo lo que requieres.

Tienes que conquistar el nivel espiritual, porque la bendición que recibimos viene del cielo y, cuando viene bajando, se encuentra con una plataforma de demonios en los aires. Porque el diablo tiene un cuartel general, tiene un campamento militar de demonios, y no lo tiene en la tierra, ni en el corazón de la tierra, sino en los aires. Es por eso que tienes que orar y bombardear. Enviar alabanza, enviar adoración y bombardear para abrir un hueco en el cielo, de forma que la bendición que está detenida descienda.

Hay otros que están jugando con Dios y a la iglesia. Esto no es cuestión de jugar a la iglesia. Podrías decir: "Yo ya tengo 25 años en la iglesia". ¿Y qué? "Es que yo soy cristiano", ¿y qué importa que seas cristiano? Eso no es cuestión de que te llames cristiano. ¿Eres cristiano? ¿Cuántas veces hablas con Dios? ¿Te dejas guiar por el Espíritu Santo? ¿Te dejas guiar por el pastor que Dios te ha puesto? ¿Cuán obediente eres?

¿Cuán unido eres a la visión de tu iglesia? ¿Amas a las almas o amas tu religiosidad? O ¿estás en una iglesia solamente para librarte del infierno? O ¿estás en una iglesia solamente para conseguir comida y dinero para pagar la renta? O le sirves al Señor porque tienes su amistad, porque te dejas guiar por el Espíritu Santo y cuando te habla al corazón le obedeces. Y cuando tu pastor te dice que es por aquí, tú sigues por donde él te envía o él te lleva. ¿Es así tu vida? Si es así, de verdad eres un buen cristiano, ya tienes parte del espacio ganado. Los demonios, cuando te ven, salen huyendo.

Conquista el espacio, el territorio donde reina y gobierna Satanás. Dile: "Ese espacio es mío". ¡Conquístalo!

Ese espacio es tuyo porque cuando clamas, la orden de Dios viene del cielo y tiene que cumplirse. O sea, hay una bendición que te va a venir, pero tiene que pasar por ahí, es de ahí que viene. Cuando la bendición se acerca, con lo primero que se encuentra es con millones de demonios, literalmente, demonios, espíritus inmundos.

A veces Dios tiene que mandar ángeles para que peleen con ellos para que tu bendición te llegue. Por tanto, es un territorio que hay que conquistar. Ese es el territorio principal que debes conquistar. El territorio de la relación, de la comunión, del contacto con Dios. Hay que derrotar espíritus, y los demonios no se derrotan con gritos, ni con andar con una Biblia, ni con el Salmo 91 abierto. No, no, no. Tú no derrotas demonios así, ni con decir: "Yo soy de la iglesia tal". No importa de la iglesia que seas. A los demonios se los derrota con obediencia a la Palabra, con tu amor a Dios, con tu amor hacia tus hermanos en Cristo.

Así que hay un área que conquistar. Esta es una base que estoy poniendo para lo otro que voy a decir. Hay que conquistar el ámbito espiritual. No se olviden de eso. No existe tal cosa automática. Existen bendiciones que hay que pelearlas, que hay que fajarse de frente con el diablo, con los demonios, cara a cara. Hay bendiciones que ya están de camino, que hace años Dios concedió, pero se puso alguien de por medio y tienes que conquistar ese territorio.

A los demonios se los derrota con obediencia a la Palabra, con tu amor a Dios, con tu amor hacia tus hermanos en Cristo.

Porque debemos conquistar esas aéreas es que Dios nos hace guerreros. Dios nos convierte en hombres y mujeres de guerra espiritual. Puedes tener una vida pasiva, una vida tranquila, sin ningún problema. Te ganas tu dinerito, te comes tu comidita, te acuestas a dormir, luego vuelves a trabajar y seguir llevando esa vida tranquila.

Es una vida que todo el mundo desearía. No quiero tener problemas. Con tal que tenga para comer, una casa para vivir y una sábana para arroparme, ¡qué importa! Eso se puede lograr, pero hay veces que el diablo ni eso quiere dejar que la gente tenga. No, no. Lo digo de otra manera: a veces los que lo tienen todo, no lo pueden disfrutar. ¿No te das cuenta que a veces es una lucha, un problema? Si te proponen algo, es una lucha para aquello. Si te proponen lo otro, es otra lucha.

Todo parece como que es el mismo infierno que se levanta y se te opone. ¿No te has dado cuenta? Y todos deseamos un día en que no tengamos lucha alguna, en que todo sea tocar un botón y todo viene. Eso no va a llegar. En esta tierra eso no llega.

Dios quiere que seamos hombres y mujeres de guerra, de batalla, valientes, luchadores. Que no le tengamos miedo al diablo, ni a los demonios, ni a las enfermedades. Esa es la clase de hijos que Dios quiere en esta tierra. Porque en aquí gobierna alguien que se llama diablo. Satanás tiene a la humanidad subyugada. Por tanto, si nosotros nos gastamos, nos echamos a perder, se cumple lo que dice la Palabra: "Porque si la sal se desvaneciere, no es buena para nada".

Nosotros somos la luz del mundo. Si apagamos nuestro poder, nuestra gracia, nuestra unción, ¡perdemos! Si perdemos nuestra visión y lo que es nuestra misión en esta tierra, si enterramos la cabeza en la arena, ¿qué será de los que se pierden?

Si por los problemas personales nuestros nos encerramos en casa a llorar, ¿qué será de los borrachos, de los drogadictos, de las prostitutas? Dios cuenta contigo, amado lector. Dios cuenta con tu obediencia. Dios cuenta con tu dedicación, Dios cuenta con tu trabajo para vencer a través de ti a los demonios, las enfermedades, los problemas y volver a unir los hogares que están rotos.

¿Sabes para qué Dios metió a su pueblo en la tierra prometida? ¡Oh!, vamos para la tierra prometida, donde fluye leche y miel, allá vamos a sentarnos y a disfrutar. No, con lo primero que tuvieron que luchar fue contra los demonios y los ídolos que había en ese territorio. Puesto que al entrar a la tierra prometida, apenas comienza el trabajo. Porque en la tierra prometida es donde va a nacer el Hijo de Dios. ¿Sabes el tiempo que duró el ministerio de los jueces? 450 años. Entraron y dijeron: "Ya llegamos". Bien. Ya llegaron, pero ahora, saquen a los demonios. Y en esa lucha duraron 450 años. ¿Llegaste? ¿Ya tienes lo que buscabas? Ahora hay que luchar. No llegaste... para llegar solamente.

Sería muy bonito entretenerlos y mantenerlos allí en la iglesia, cantarles tres cánticos del *Himnario de gloria*, animar a los fieles a levantar la mano y adorar, para luego enviarlos a sus casas contentos. Pero a mí, como pastor, no fue a lo que Dios me llamó. Cuando llegué a pastorear mi iglesia, me entregaron un llavero grande.

Me parecía a San Pedro con las llaves y lo primero que me dije fue: "Cuando me pare en este púlpito declararé que vine aquí a trabajar. Yo no vine aquí a jugar. Yo sé de dónde vengo y para dónde voy". Y así lo hice. Les dije a los feligreses que el Señor los ha salvado porque son las espadas de Jehová, son los valientes de Jehová, son los paladines de Jehová para vencer el poder del mal.

¿Sabes lo que sucede si no derrotas los poderes del diablo que te asedian? No importa que te sientes a comer un manjar de dioses, viandas deliciosas, comida suculenta, la más fina y exquisita: No tendrás paz. No importa que tengas la mejor casa, el mejor trabajo, el mejor salario, si no atas a los demonios y al diablo, si no estableces una relación personal con Cristo, lo que te comes te sabrá a hiel.

> **Dios quiere que no le tengamos miedo al diablo, ni a los demonios, ni a las enfermedades.**

Si no obras de acuerdo a la Palabra, de acuerdo a la justicia divina como Dios establece en SU Palabra, no importa lo que llegues a tener, lo tendrás con una mano y con la otra tendrás que secarte las lágrimas. Es por eso que Dios dice: "Saquen a los cananeos, acaben con todos esos idólatras que sacrifican niños. Acaben con todas esas gentes para que ustedes puedan tener paz; porque no importa que hayan entrado a la tierra que fluye leche y miel, si no sacan a los idólatras, si no sacan a los demonios, ellos mismos les traerán angustia y amargura y no podrán disfrutar ni de la leche, ni de la miel.

En resumen, para subir de nivel espiritual, hay algunas condiciones:

Número 1: Conquista el mundo espiritual y asegúrate de que tienes comunión con Dios. Asegúrate de que sabes el número de teléfono del cielo... Asegúrate de que solo tienes que marcar y allá arriba alguien contesta. ¡El Señor lo levanta! Asegúrate. Asegúrate de que seas amigo del Señor. Asegúrate de que tienes una paz inmensa que invade tu corazón, que es resultado de tu relación con el Señor, asegúrate de ello.

Asegúrate que de cuanto hagas, tu Padre celestial te diga: "Buen siervo y fiel". Asegúrate de que le agradas a Dios, de que Dios dice: "Te felicito, mi hijo, eso era lo que yo quería". Asegúrate de que cuando un día entero has luchado, has bregado y te has dispuesto aun con tus fallas y con tu debilidad como humano, a mantenerte firme, un ángel del cielo venga a tu cama y mientras duermas te dé un beso y te diga: "Lo hiciste bien, estoy contento contigo". ¡Asegúrate! Conquista el espacio espiritual. Arrebata el territorio que el diablo le ha quitado a la humanidad.

Que no pases los años mendigando bendiciones. En los Estados Unidos, los aviones militares vuelan continuamente con unos radares que se dan cuenta de todo lo que se mueve en el aire. Después del 11 de septiembre, todo lo que se mueve en el aire sale en un monitor y todo el mundo lo ve. En el Pentágono, en las bases militares, todo el mundo lo está viendo. Es que tienen que ver todo lo que se mueve. Dicho de otro modo, tienen el aire gobernado, dominado.

De igual forma, tienes que asegurarte de que ese espacio que hay entre el cielo y la tierra tenga un hoyo, porque por ese hoyo pasan tus oraciones. Cuando notes que no pueden pasar, di: "Diablo, te reprendo en el nombre de Jesús, quítate del medio, porque por ahí va mi oración". Estoy hablando palabra revelada para mucha gente y el que no la esté necesitando ahora, prepárese porque la va a necesitar. Lee la Biblia. Obedece la Palabra. Acércate a Dios. Sé sincero con el Señor. Sométete a la Palabra.

Número 2: Derrota el poder del mal. Quita de ti todo rencor. Reprende todas las cosas de tu pasado. Todo lo que recuerdas de cosas negativas, malas, que representan maldición desde cuando eras niño, repréndelo. Di: "Quito esto de mi mente, lo quito de mi vida, lo quito de mi corazón, esto no tiene parte conmigo. Si ellos lo hicieron, allá ellos. Yo necesito ser amigo de Dios". Así que sácalo de ti. Sácalo de ti, porque si no, te atarás con el pasado. Sácalo de ti. Saca el rencor de tu vida. Echa fuera toda maldición del pasado. Toda la miseria, toda esa situación que vivió tu familia, tú debes decir: "Conmigo no va, conmigo no va, yo tengo otra estirpe, pertenezco a otra generación. Conmigo no va".

Hay que sacar todo eso de nosotros porque a la mente de uno llegan las cosas negativas que uno vio en su papá, en sus abuelos, en sus hermanos mayores y, por lo general se quedan ahí hasta que dominan nuestro ser.

¡Repréndelo ahora! Di: "Yo he sido lavado con la sangre de Cristo. Tengo la Biblia, que es la Palabra de

Dios. Esta es mi guía"... Derrota. Cuando lo haces, estás derrotando al poder de la maldad. Derrota al poder del mal, combate los recuerdos negativos. No amamantes, no acaricies, no les des besos, no le pases la mano a lo negativo del pasado, no. ¡Sácalo!

> **Fuiste llamado para tener una vida de victoria, de triunfo. Fuiste llamado para llevar una vida en Dios.**

Tú fuiste llamada para ser una mujer libre, tú fuiste llamado para ser un joven libre, tú fuiste llamado para ser un hombre libre, saca todo lo negativo de tu pasado, para que nada te ate y tengas poder sobre la maldad. ¡Sácalo! Derrota el poder del mal. Todo lo que tenga que ver con miseria, quítalo de ti. No te acostumbres a la miseria. No te acostumbres a la negatividad. Sácalo de ti.

Cuando notes que un espíritu de miseria se quiera acercar a tu vida, dile: "Yo fui lavado con la sangre de Cristo, no estoy supuesto a vivir en condiciones de miseria, la miseria es del diablo. Tengo el Espíritu Santo". Sácalo de ti. Ni miseria material, ni miseria espiritual, ni miseria social, nada de eso va contigo. No te acostumbres, porque el diablo se mete en un rincón dc tu casa y de ahí no quiere irse.

Fuiste llamado para tener una vida de victoria, de triunfo. Fuiste llamado para llevar una vida en Dios. No fuiste llamado para ser burla del diablo, ni de los demonios, ni de nadie. Y si alguien se ríe de ti, que se ría porque seas cristiano y eso sea lo que te llene de orgullo.

Hazte amigo del Señor y verás que exhibirá tu justicia como la luz y tu derecho como el mediodía. No importa lo que digan de ti, tú eres amigo de Dios. Tarde o temprano Dios avergonzará al que se ríe de ti, al que habla de ti. Dios lo hará. Dios peleará por ti. Dios te llamó para tener el Espíritu Santo. Dios te llamó para ser un hijo de Él, para deleitarse contigo. Dios te llamó para llenarte de su santidad y de su gracia.

Aunque no estén pasando las cosas como deseas que sucedan, debes saber que en tu espíritu, en tu interior, todo está bajo control porque tu Dios está contigo. Sí, porque a veces uno dice: "Ah, y ¿qué fue lo que pasó hoy o esta semana? No importa. Dios tiene el control. Tú tienes la convicción, la seguridad que te da el Espíritu Santo.

Número 3: Desaloja la influencia satánica. Desaloja todo lo demoníaco. Todo. Si tienes al Espíritu Santo, tienes el don de discernimiento. No importa cómo te lo pinten, sabes que no es de Dios. Es que tú no lo ves con estos ojos físicos. Tú tienes otros ojos. Escucha la voz de la persona y di: "Este espíritu no es de arriba". Eso no es del cielo. Eso viene de otro lugar. Tú te das cuenta de que es otro espíritu que hay ahí. Desalójalo inmediatamente. Repréndelo. Dile: "Te reprendo, Satanás. Reprendo al diablo. Esto no es de Dios. Esto no va conmigo". Así que desaloja todo espíritu satánico. Para eso el Señor te ha hecho un conquistador. Fue para eso que Dios nos metió en la tierra prometida.

> **Dios te llamó para ser un hijo de Él, para deleitarse contigo. Dios te llamó para lenarte de su santidad y de su gracia.**

¿Qué hace Cristo? A Cristo lo sepultan y, durante los tres días que pasó sepultado, fue al infierno y le arrancó la llave a Satanás. ¡Le ganó allá arriba! Salvó gente, sanó enfermos, resucitó muertos y le quitó la llave que el diablo tenía sobre la muerte y sobre todo. Resucitó al tercer día y cuando resucita dice: "Toda potestad me ha sido dada en la tierra y en el cielo, ahora ustedes, vayan..." ¡La tenemos! ¡La tenemos!

Número 4: No permitas que otro se coma tu comida. Hay una cosa que es tuya. Dios te la prometió a ti. Te la dio, te la cumplió. Hay algo que Dios te ha dado. Hay algo que se llama tu salvación. Eso es tuyo. Hay algo que se llama tu comunión. Eso es tuyo. Hay algo que se llama tu ropa, eso es tuyo. Hay algo que se llama tu familia. Eso es tuyo. Hay algo que se llama tu dinero, eso es tuyo. Hay algo que se llama tu salud. Eso es tuyo. Hay algo que se llama tu comida. Eso es tuyo. Tú la das, tú la compartes, pero no permitas que nadie te la quite.

En la tierra prometida fluía leche y miel. ¿Para quién era esa leche y esa miel? Para el pueblo de Dios. ¿Quién ofreció esa leche y esa miel? Dios se la ofreció a su pueblo mientras estaban en Egipto. "No dejen que nadie se los quite, porque se los di Yo a ustedes", está diciendo Dios.

Número 5: Combate el espíritu de estancamiento. ¿Sabes de dónde se recogen estos conceptos? Justo en la llegada a la tierra prometida. Los cinco conceptos que acabo de desarrollar aparecen ahí. Para eso fue que Dios llevó a sus hijos a la tierra prometida. Todo eso lo logra a través de ti. Todo es posible cuando subes a otra dimensión, a la dimensión del Espíritu.

Dice la Biblia que cuando la persona se aparta del evangelio, ese demonio que estaba en su interior, se encuentra afuera sin Cristo, sin el Espíritu Santo, y busca siete demonios más fuertes y vuelve. O sea, todo eso que he dicho que puedes lograr, que puedes conquistar, que puedes vencer, es con Dios. Fuera de Él, nada. Es más yo, fuera de Dios, no quiero nada.

Made in the USA
Middletown, DE
30 September 2023

39704563R00146